看了就能懂的法律常识

未成年人保护

方也媛◎主编

祝佳铭　崔宁宁◎副主编

吉林出版集团股份有限公司

全国百佳图书出版单位

图书在版编目（ＣＩＰ）数据

看了就能懂的法律常识. 未成年人保护 / 方也媛主
编. -- 长春：吉林出版集团股份有限公司，2023.4
ISBN 978-7-5731-1436-5

Ⅰ. ①看… Ⅱ. ①方… Ⅲ. ①未成年人保护法 – 基本
知识 – 中国 Ⅳ. ①D920.4

中国版本图书馆CIP数据核字（2022）第055226号

KANLE JIU NENG DONG DE FALU CHANGSHI WEICHENGNIANREN BAOHU

看了就能懂的法律常识·未成年人保护

主　　编	方也媛	
副 主 编	祝佳铭　　崔宁宁	
责任编辑	于　欢	
装帧设计	刘美丽	

出　　版	吉林出版集团股份有限公司	
发　　行	吉林出版集团社科图书有限公司	
地　　址	吉林省长春市南关区福祉大路5788号　邮编：130118	
印　　刷	长春第二新华印刷有限责任公司	
电　　话	0431-81629711（总编办）	
抖 音 号	吉林出版集团社科图书有限公司　37009026326	

开　　本	720 mm × 1000 mm　1 / 16	
印　　张	13	
字　　数	140 千	
版　　次	2023 年 4 月第 1 版	
印　　次	2023 年 4 月第 1 次印刷	

书　　号	ISBN 978-7-5731-1436-5	
定　　价	55.00 元	

如有印装质量问题，请与市场营销中心联系调换。0431-81629729

编　委　会

序 言

党的十八大以来，以习近平同志为核心的党中央高度重视法治在推进国家治理体系和治理能力现代化中的重要作用，中央全面依法治国工作会议更是明确了习近平法治思想在全面依法治国中的指导地位，为全面依法治国提供了根本遵循和行动指南。

依法治国、普法先行。法治宣传教育是一项具有基础性、先导性、长期性的工作，推进全面依法治国，归根结底要靠全民法治素质的提高，靠依法办事习惯的养成。可以说，全民普法是全面依法治国的重要内容之一，对法治中国建设起着基础性的关键作用。近年来，随着普法教育的深入，公民的法律意识不断增强，自觉维护法律和自身权益已成为许多公民的自觉行为。但是在分工不断发展、生活节奏逐渐加快的现代社会中，普通民众忙于生计，无暇深入研究法规法条，而且，庞杂的现代法律也使得普通民众难以深层次地了解法律知识。

如何能够使这个庞大的群体在忙碌之余接受法律的教育，如何让他们对法律产生兴趣并且在遇到法律问题时可以快捷地找到答案？方也媛老师带队编写的这套图书就为大家提供了这样的一种途径。

这套书一共六本，分别是《看了就能懂的法律常识 合同纠纷》《看了就能懂的法律常识 婚姻家庭》《看了就能懂的法律常识 道路交通》《看了就能懂的法律常识 劳动纠纷》《看了就能懂的法律常识 未成年人保护》《看了就能懂的法律常识 中小企业法律风险防控》。结构上分为案例、法律问题、法律分析、案例拓展四个部分。先通过案例引出问题，让读者可以清晰地知道在什么情况下可能存在什么法律问题。之后在法律分析中对引出的问题进行解释，最后通过案例拓展对该法律问题的相关法律知识进行普及，提出合理规避风险的方法。这种编排方式不仅可以针对已产生的问题给出解决办法，也能让当事人对潜在的风险充分防范。

书中案例全部来自裁判文书网上发布的真实案例，更贴近生活实际。法律分析版块在引用现行相关法律条文对案例进行解析的同时，又对法律的适用环境进行解读，以便于读者在现实中遇到类似情况时进行应用。案例拓展版块充分展示了法律在实践应用中可能遇到的情况，既起到拓展思路的作用，也可以使读者不局限于本书的内容，进行更深入的思考。

本书主编方也媛，在从事教学工作的同时担任律师多年，理论知识和实践经验均比较丰富。其他作者全部通过了国家统一法律职业资格考试。这些作者均具有研究生学历，在校期间成绩优异，在学术上取得了一定的成果：多人曾在省级期刊发表论文，一人曾获副省级法治论坛优秀论文奖，多人参与吉林省法学会项目等课题研究。

人们在生活中都会碰到各种问题和麻烦，很多时候都需要使用法律来解决。所以，法律离我们每个人并不远，它与生活息息相关。很多人可能感觉法律是一道难以逾越的高墙，遇到了法律问题大部分人不知道怎么解决，甚至干脆就能忍则忍，放弃主动用法律武器保护自己的权利。希望本书能够为读者们提供一个解决问题的思路，让读者们在生活中遇到问题时能够通过本套书的案例和分析得到一个解决办法，为生活增添一些便捷。

是为序。

李韧夫

2022年12月

目录
CONTENTS

第三章　未成年人的民事权利与义务

第一章
未成年人的宪法权利

问题1：
未成年人①享有选举权吗？

[案例]

明明是一名初中二年级的学生，十四周岁。他所在的村子正在进行村干部的选举，明明的爸爸、妈妈和姐姐都拿到了选民证，明明却没有。于是，明明到村委会询问这件事。

[法律问题]

明明为什么没有选民证？

---

① 未成年人：根据《中华人民共和国民法典》第十七条的规定，不满十八周岁的自然人为未成年人。

[法律分析]

选举权是指公民依照法律规定享有参加选举的权力。被选举权是指公民被选任为国家权力机关的代表或其他公职人员的权利。

《中华人民共和国宪法》（以下简称《宪法》）第三十四条规定："中华人民共和国年满十八周岁的公民，不分民族、种族、性别、职业、家庭出身、宗教信仰、教育程度、财产状况、居住期限，都有选举权和被选举权；但是依照法律被剥夺政治权利的人除外。"《中华人民共和国全国人民代表大会和地方各级人民代表大会选举法》（以下简称《选举法》）第四条也有类似规定："中华人民共和国年满十八周岁的公民，不分民族、种族、性别、职业、家庭出身、宗教信仰、教育程度、财产状况和居住期限，都有选举权和被选举权。依照法律被剥夺政治权利的人没有选举权和被选举权。"也就是说，年满十八周岁的公民，除被剥夺政治权利的人外，都有选举权和被选举权。明明因为还未满十八周岁，所以不具有选举权，也不具有被选举的权利。

[案例拓展]

在我国，未成年人是不享有选举权和被选举权的。因为未成年人心智尚未达到独立思维阶段，缺乏系统全面的政治观念，不能正确判断政治事务，所以难以承担起法律赋予的选举重任。

具体而言，在我国享有选举权的基本条件有三个：一是具有中国的国籍，是中华人民共和国的公民；二是年满十八周岁；三是依法享有政治权利。1983年，《全国人民代表大会常务委员会关于县级以下人民代表大会代表直接选举的若干规定》中，对于被判处有期徒刑、拘役、管制而没有附加剥夺政治权利的；对于被羁押，正在受侦查、起诉、审判，人民检察院或者人民法院没有决定停止行使选举权利的；取保候审、被监视居住的；正在被劳动教养的；正在受拘留处罚的人员，均准予其行使选举权。由此可见，在我国享有选举权的公民的范围是极为广泛的，这也是选举权的普遍性原则的体现。

问题2：
言论自由的行使有什么限制？

[案例]

小晨对自己的哥哥非常崇拜，总是在同学面前提起自己的哥哥在中科院研究中心工作。同学们都以为小晨在吹牛，就怂恿他把哥哥介绍给他们认识。于是，小晨为了证明自己没有吹牛，就将哥哥介绍给同学们认识。某日，小晨哥哥和大家聊着自己的职业，大家都对其赞不绝口。由于太激动，小晨哥哥把工作中一些不能透露的机密也说了出来。

[法律问题]

言论自由的行使有什么限制？

[法律分析]

上述案例涉及言论自由。言论自由是指公民通过口头或书面等各种语言形式表达其思想和见解的自由。

我国《宪法》第三十五条规定："中华人民共和国公民有言论、出版、集会、结社、游行、示威的自由。"第五十一条规定："中华人民共和国公民在行使自由和权利的时候，不得损害国家的、社会的、集体的利益和其他公民的合法的自由和权利。"综上所述，我国公民有言论、出版等自由。但是，法律也规定了对言论自由的限制，一般表现为：（1）不得侵犯他人的名誉权；（2）不得侵犯他人的隐私权；（3）不得有淫秽等违反善良风俗的言论；（4）不得泄露国家机密、危害国家安全。

案例中，小晨哥哥泄露了国家机密，损害了国家利益，危害到国家安全，依照我国法律规定，应当承担一定的法律责任。

[案例拓展]

任何自由都不是绝对的，都要受到一定的限制。言论自由只有在法律允许范围内行使，才会受到法律的保护。一旦损害到国家、社会和他人的合法权益，就需要承担法律责任，受到相应的处罚。

那么有关人身自由，法律又是怎样规定的呢？我国《宪法》第三十七条明确规定："中华人民共和国公民的人身自由不受侵犯。任何公民，非经人民检察院批准或者人民法院决定，并由公安机关执行，不受逮捕。禁止非法拘禁和以其他方法非法剥夺或者限制公民的人身自由，禁止非法搜查公民的身体。"《中华人民共和国刑法》（以下简称《刑法》）第二百三十八条第一款也明确规定："非法拘禁他人或者以其他方法非法剥夺他人人身自由的，处三年以下有期徒刑、拘役、管制或者剥夺政治权利。具有殴打、侮辱情节的，从重处罚。"

问题3:

侮辱他人需要承担法律责任吗?

[案例]

小敏因小时候的一场火灾而毁容,虽然经过几次整形手术,但其容貌并没有完全恢复。小敏以优异的成绩考上了县一中,入学后被安排与吴某一桌。吴某平时就是一个高傲的女生。一天,小敏不小心把水洒在了吴某的书上,吴某对小敏破口大骂,甚至对小敏进行人格上的侮辱,一些同学也开始嘲笑小敏的容貌。这件事导致小敏整天躲在家里,不想去学校,后被医生诊断为抑郁症。

[法律问题]

小敏被他人侮辱导致患上抑郁症,能否获得法律上的帮助呢?

[法律分析]

我国《宪法》第三十八条规定："中华人民共和国公民的人格尊严不受侵犯。禁止用任何方法对公民进行侮辱、诽谤和诬告陷害。"侵犯他人的人格尊严，会对其身心健康、精神状态产生消极影响，甚至可能造成他人自杀、精神失常等严重后果。所以，我国《宪法》明确规定保护公民的人格尊严，任何侵犯人格尊严的违法行为都将受到法律的惩罚。根据《中华人民共和国民法典》（以下简称《民法典》）第一百二十条规定，自然人的民事权益受到侵害的，被侵权人有权请求侵权人承担侵权责任。

案例中，吴某侵犯了小敏的人格尊严，应当承担一定的法律责任。《民法典》第一千一百八十八条规定："无民事行为能力人、限制民事行为能力人造成他人损害的，由监护人承担侵权责任。监护人尽到监护职责的，可以减轻其侵权责任。有财产的无民事行为能力人、限制民事行为能力人造成他人损害的，从本人财产中支付赔偿费用，不足部分，由监护人赔偿。"案例中的吴某是限制民事行为能力人，由监护人承担侵权责任，即吴某的父母承担赔偿责任。若吴某的父母尽到了监护职责，则可以减轻其责任。吴某若有自己独立的财产，先由吴某支付赔偿费用；不足的部分，由其父母赔偿。

[案例拓展]

《民法典》第一百二十条规定："民事权益受到侵害的，被侵权人有权请求侵权人承担侵权责任。"第九百九十条规定："人格权是民事主体享有的生命权、身体权、健康权、姓名权、名称权、肖像权、名誉权、荣誉权、隐私权等权利。除前款规定的人格权外，自然人享有基于人身自由、人格尊严产生的其他人格权益。"

问题4：
未成年残疾人可以上学吗？

[案例]

小军因儿时发生意外导致右腿残疾，走路时需要他人的帮助，每天上学都是由父母送到学校，再由同学搀扶到教室。2019年3月，由于父母工作单位调动，小军不得不到当地就学。可是，当地学校以小军身患残疾为由不同意小军入学。

[法律问题]

未成年残疾人可以上学吗？

[法律分析]

《宪法》第四十六条规定："中华人民共和国公民有受教育的权利和义务。国家培养青年、少年、儿童在品德、智力、体质等方面全面发展。"《中华人民共和国义务教育法》（以下简称《义务教育法》）第五十七条规定："学校有下列情形之一的，由县级人民政府教育行政部门责令限期改正；情节严重的，对直接负责的主管人员和其他责任人员依法给予处分：（一）拒绝接收具有接受普通教育能力的残疾适龄儿童、少年随班就读的；（二）分设重点班和非重点班的；（三）违反本法规定开除学生的；（四）选用未经审定的教科书的。"

案例中的小军由于身患残疾，虽然在日常生活方面可能会遇到一些困难，但是学校不能因此随意剥夺小军受教育的权利。受教育权是我国宪法和法律赋予公民的法定权利，不得因政治、民族、家庭出身、身体素质等原因歧视学生。所以，小军是可以上学的，学校不得以身体有残疾为由拒绝接收小军。相反，学校应为像小军这样的特殊孩子创造适合的学习条件，保证他们正常而平等地接受教育。

[案例拓展]

学校应当关心、爱护未成年学生，不得因家庭、身体、心理、学习能力等情况歧视学生，对家庭困难、身心有障碍的学生，应当提供关爱；对行为异常、学习有困难的学生，应当耐心帮助。

《中华人民共和国未成年人保护法》（以下简称《未成年人保护法》）第二十八条明确规定："学校应当保障未成年学生受教育的权利，不得违反国家规定开除、变相开除未成年学生。"第八十六条规定："各级人民政府应当保障具有接受普通教育能力、能适应校园生活的残疾未成年人就近在普通学校、幼儿园接受教育；保障不具有接受普通教育能力的残疾未成年人在特殊教育学校、幼儿园接受学前教育、义务教育和职业教育。各级人民政府应当保障特殊教育学校、幼儿园的办学、办园条件，鼓励和支持社会力量举办特殊教育学校、幼儿园。"

具体而言，未成年人在学校应当接受哪些教育呢？《未成年人保护法》第五条规定："国家、社会、学校和家庭应当对未成年人进行理想教育、道德教育、文化教育、法治教育、国家安全教育、健康教育、劳动教育，加强爱国主义、集体主义和中国特色社会主义的教育，培养爱祖国、爱人民、爱劳动、爱科学、爱社会主义的公德，抵制资本主义、封建主义和其他腐朽思想的侵蚀，引导未成年人树立和践行社会主义核心价值观。"

未成年人是祖国的未来，是中华民族的希望，是社会主义建设者和接班人。对广大未成年人进行理想、道德、科学、文化、法治等教育，加强爱国主义、集体主义和中国特色社会主义教育，培养"五爱"公德，有助于培养未成年人健康向上的人生观、世界观和价值观，引导其在坚持和发展中国特色社会主义事业、建设社会主义现代化强国、实现中华民族伟大复兴的奋斗中实现自我价值。

问题5：
未成年人有纳税义务吗？

[案例]

轩轩是八年级学生，从小就爱好写作，文笔非常好，小小年纪就发表了多篇文章。同时，他也获得了可观的稿费，同学们都很羡慕轩轩。后来，老师却提出一个问题：轩轩得到稿费时，有没有依据《宪法》和《中华人民共和国个人所得税法》（以下简称《个人所得税法》）的相关规定纳税呢？

[法律问题]

轩轩得到稿费后需要纳税吗？

[法律分析]

《宪法》第五十六条规定："中华人民共和国公民有依照法律纳税的义务。"《个人所得税法》第二条规定，应当缴纳个人所得税的项目中包括稿酬所得。

依法纳税是《宪法》规定的一项基本义务。无论是公民还是企业，作为纳税人，都应该了解自己在纳税方面负有哪些法定的义务。虽然中学生还处于求学阶段，没有正常的固定收入，但并不排除有少数中学生利用课余或者寒暑假的时间，从某种渠道取得一些临时性收入的可能性。轩轩利用业余时间创作所得的稿费就属于上述情况。只要这些收入的数额达到国家规定的税收起征点，轩轩就应该缴纳个人所得税。我国现行的《个人所得税法》并未从年龄上排除未成年人的纳税义务。因此，尽管轩轩还在上初中，但只要他有个人收入，并符合国家规定的征税条件，就应该依法纳税。

[案例拓展]

《宪法》规定，公民有纳税的义务。税收是指国家依照法律规定，向纳税单位或个人无偿征收实物或货币。作为国家财政收入的一种形式，税收具有强制性和无偿性的特点。我国税收用于推动经济社会发展、巩固国防、不断提高人民的物质生活和文化生活水平，取之于民，用之于民。因此，依照法律纳税，是我国公民的一项基本义务。

　　除此之外,《宪法》还规定了公民的其他义务,如维护国家统一和全国各民族团结的义务,履行宪法和法律规定的义务,维护祖国安全、荣誉和利益的义务,依法服兵役和参加民兵组织的义务,等等。

问题6：

父母犯过罪，未成年人还能服兵役吗？

[案例]

小帅因学习不好，初中毕业后就没有再继续读书。小帅的父母怕这样下去会耽误孩子，决定将小帅送到部队去当兵。但村主任赵某说，小帅的父亲曾因偷东西进过监狱，所以他不能去当兵。

[法律问题]

村主任的说法对吗？公民服兵役需要看其家庭出身吗？

[法律分析]

根据《中华人民共和国兵役法》（以下简称《兵役法》）第

五条规定，服兵役不分民族、种族、职业、家庭出身、宗教信仰和教育程度。但是，有严重生理缺陷或者严重残疾不适合服兵役的公民，免服兵役。被依法剥夺政治权利的公民，不得服兵役。所以，村主任的说法是错误的。小帅不该受到其父的影响，小帅能否当兵只与其自身条件有关。

[案例拓展]

中华人民共和国实行以志愿兵役为主体的志愿兵役与义务兵役相结合的兵役制度。兵役分为现役和预备役。在中国人民解放军服现役的称军人；预编到现役部队或者编入预备役部队服预备役的，称预备役人员。军人必须遵守军队的条令和条例，忠于职守，随时为保卫祖国而战斗。预备役人员必须按照规定参加军事训练、担负战备勤务、执行非战争军事行动任务，随时准备应召参战，保卫祖国。

中国的兵役制度，符合中华民族的传统和人民群众的习惯，又适应时代发展，满足现代战争对兵员的高质量要求，主要体现了以下特性：

1. 群众性

《宪法》规定："保卫祖国、抵抗侵略是中华人民共和国每一个公民的神圣职责。依照法律服兵役和参加民兵组织是中华人民共和国公民的光荣义务。"义务兵役制是中国的基本兵役制度之一。中国公民必须依照法律的规定履行兵役义务；公民参加民兵组织、登记服预备役和接受军事训练，都是应尽的义务。

2. 适应性

义务兵与志愿兵相结合，是军队现代化建设的需要，是对义务兵役制的发展和补充。义务兵役制存在的主要问题是，士兵的服役期限比较短，很难掌握复杂的军事技术。随着科学技术的发展，部队的现代化武器装备不断增加，技术越来越复杂。这就需要有一批专业技术人员长期在部队服现役，以便掌握现代化的武器装备，提高部队战斗力。实践证明，单一的义务兵役制已不能完全适应部队武器装备发展的需要。实行义务兵和志愿兵相结合，既保持了义务兵役制的优点，又弥补了义务兵役制的不足，解决了部队保留技术骨干的问题。

3. 针对性

民兵和预备役相结合，是中国后备力量建设的基本制度。民兵是中国传统的军事制度，过去曾在革命战争中发挥过重大作用，今后在保卫祖国的斗争中仍居于重要的战略地位。实行民兵制度与预备役制度相结合，既可满足对大量一般兵员的需要，又可为现代高技术战争提供高素质的军官和技术兵，增强动员准备的针对性。

第二章
未成年人的刑事责任承担

问题1：
初中生放火要承担法律责任吗？

[案例]

　　小龙与小明都是初中二年级的学生。某日，小龙不小心推翻了小明课桌上的书，却没有道歉。于是，小明与小龙争吵起来，两人厮打在一起。老师得知此事后非常生气，当着全班同学的面把小龙和小明狠狠地批评了一顿。小明觉得在班里丢了面子，很不高兴。趁放学后没人，小明偷偷在教室里放了一把火，导致教室所在楼层的东西大部分被烧毁。后来经过有关部门调查确认，小明放火属实，小明也因此受到了应有的处罚。

[法律问题]

　　初中生放火要承担法律责任吗？

[法律分析]

《刑法》第十七条第二款规定："已满十四周岁不满十六周岁的人，犯故意杀人、故意伤害致人重伤或者死亡、强奸、抢劫、贩卖毒品、放火、爆炸、投放危险物质罪的，应当负刑事责任。"因为这个年龄段的人，已经具备了一定的辨别是非和控制自己重大行为的能力，即对某些严重危害社会的行为具备一定的辨认和控制能力。案例中，小明如果在放火的时候年满十四周岁，是要负刑事责任的。

[案例拓展]

《刑法》第十七条规定："已满十六周岁的人犯罪，应当负刑事责任。已满十四周岁不满十六周岁的人，犯故意杀人、故意伤害致人重伤或者死亡、强奸、抢劫、贩卖毒品、放火、爆炸、投放危险物质罪的，应当负刑事责任。已满十二周岁不满十四周岁的人，犯故意杀人、故意伤害罪，致人死亡或者以特别残忍手段致人重伤造成严重残疾，情节恶劣，经最高人民检察院核准追诉的，应当负刑事责任。对依照前三款规定追究刑事责任的不满十八周岁的人，应当从轻或者减轻处罚。因不满十六周岁不予刑事处罚的，责令其父母或者其他监护人加以管教；在必要的时候，依法进行专门矫治教育。"

《刑法》第一百一十五条规定："放火、决水、爆炸以及投放

毒害性、放射性、传染病病原体等物质或者以其他危险方法致人重
伤、死亡或者使公私财产遭受重大损失的，处十年以上有期徒刑、
无期徒刑或者死刑。过失犯前款罪的，处三年以上七年以下有期徒
刑；情节较轻的，处三年以下有期徒刑或者拘役。"

问题2：
学校可以要求吸毒的未成年人退学吗？

[案例]

小鹏的父母在其上小学时就进城打工了，之后小鹏跟随奶奶生活。奶奶由于身体不好，对小鹏不能全方面管教。小鹏不仅整天逃学，还和社会上的不良青年混在一起。初一时，小鹏通过他人认识了一位叫王某强的人。王某强是一个吸毒人员，小鹏在他的教唆下开始吸食毒品。学校知道此事后，勒令小鹏退学。小鹏的父母知道后，更是伤心欲绝。

[法律问题]

学校可以开除吸毒的学生吗？

看了就能懂的
法律常识
未成年人保护
KANLE JIU NENG DONG DE
FALÜ CHANGSHI
WEICHENGNIANREN BAOHU

[法律分析]

在我国，无论是成年人还是未成年人，吸毒都是被法律禁止的。对于小鹏而言，由于他是不满十八周岁的未成年人，法律对其吸毒行为从轻或减轻处罚。同时，由于被唆使吸毒的小鹏本身也是受害者，学校不可采取放任自流或要求其退学等不负责的措施，更不可对小鹏采取歧视态度。学校、教师、家长应该对其加以关心和帮助，而不是放弃。小鹏吸毒上瘾，家长可以将小鹏送入戒毒中心进行治疗，使他彻底摆脱吸毒的恶习。教唆小鹏吸毒的王某强，如果已有刑事责任能力，相关方则应当追究其刑事责任。

[案例拓展]

《刑法》第十七条第二款规定："已满十四周岁不满十六周岁的人，犯故意杀人、故意伤害致人重伤或者死亡、强奸、抢劫、贩卖毒品、放火、爆炸、投放危险物质罪的，应当负刑事责任。"第三百五十三条规定："引诱、教唆、欺骗他人吸食、注射毒品的，处三年以下有期徒刑、拘役或者管制，并处罚金；情节严重的，处三年以上七年以下有期徒刑，并处罚金。强迫他人吸食、注射毒品的，处三年以上十年以下有期徒刑，并处罚金。引诱、教唆、欺骗或者强迫未成年人吸食、注射毒品的，从重处罚。"

《中华人民共和国治安管理处罚法》（以下简称《治安管理处罚法》）第十二条规定："已满十四周岁不满十八周岁的人违反治安管理的，从轻或者减轻处罚；不满十四周岁的人违反治安管理的，不予处罚，但是应当责令其监护人严加管教。"第七十二条规定："有下列行为之一的，处十日以上十五日以下拘留，可以并处二千元以下罚款；情节较轻的，处五日以下拘留或者五百元以下罚款：（一）非法持有鸦片不满二百克、海洛因或者甲基苯丙胺不满十克或者其他少量毒品的；（二）向他人提供毒品的；（三）吸食、注射毒品的；（四）胁迫、欺骗医务人员开具麻醉药品、精神药品的。"

吸食毒品的行为不但有损人体健康，有悖社会公序良俗，更是违反法律的，吸毒者必须依法承担相应的法律责任。同时，引诱、教唆、欺骗、强迫他人吸食、注射毒品的，同样需要承担刑事责任。

那么学校如何应对有不良行为的未成年人呢？学校是未成年人从家庭走向社会，顺利实现社会化的重要环节。学校阶段是未成年人身体成长迅速、情绪反应强烈、精力充沛的时期，其物质需求

看了就能懂的
法律常识
未成年人保护
KANLE JIU NENG DONG DE
FALÜ CHANGSHI
WEICHENGNIANREN BAOHU

日益增长的同时，其精神需求增长更快。因此，学校的教育功能完整、全面地发挥，既是未成年人社会化顺利的根本保障，也是防止未成年人走上违法犯罪道路的有效防线。《中华人民共和国预防未成年人犯罪法》（以下简称《预防未成年人犯罪法》）第三十一条规定："学校对有不良行为的未成年学生，应当加强管理教育，不得歧视；对拒不改正或者情节严重的，学校可以根据情况予以处分或者采取以下管理教育措施：（一）予以训导；（二）要求遵守特定的行为规范；（三）要求参加特定的专题教育；（四）要求参加校内服务活动；（五）要求接受社会工作者或者其他专业人员的心理辅导和行为干预；（六）其他适当的管理教育措施。"

未成年人产生不良行为，不论起因如何，学校都有责任做好预防未成年人违法犯罪的教育工作。具体而言，学校和家庭应当加强沟通，建立家校合作机制。学校决定对未成年学生采取管理教育措施的，应当及时告知其父母或者其他监护人；未成年学生的父母或者其他监护人应当支持、配合学校进行管理教育。

问题3：
未成年人虐待家庭成员属于违法行为吗?

[案例]

小磊是家里的独生子，爸爸妈妈对他一直娇生惯养，爷爷奶奶对他更是溺爱，导致他成了家里的小霸王。小磊上初中一年级后，他的爸爸妈妈就到外地做生意去了，小磊一直和爷爷奶奶一起生活。爷爷奶奶很担心他，对他的行动经常要问个明白。小磊对爷爷奶奶的关心非常厌烦，经常大吵大骂，有时还会对奶奶大打出手，奶奶身上经常是青一块、紫一块的。

[法律问题]

小磊的行为属于虐待家庭成员吗? 他的做法是违法的吗?

[法律分析]

　　所谓虐待家庭成员，是指行为人对共同生活的家庭成员，经常性地以打骂、捆绑、限制人身自由、侮辱人格、不给治病、强迫过度体力劳动等方式，从精神上和肉体上进行摧残迫害，是一种情节恶劣的行为。我国法律明令禁止对家庭成员进行虐待，虐待亲人的行为可能构成犯罪。根据我国《刑法》第二百六十条规定，小磊的行为已经构成了虐待，是法律所不允许的。此外，小磊又是未成年人，不会被追究刑事责任。但是，无论怎么说，虐待亲人都是违法的。而且，虐待致人重伤或死亡的，就会转变成公诉案件，不再是"不告不理"。对于小磊虐待奶奶的行为，小磊的父母应该对小磊进行批评教育，防止其以后再犯。

[案例拓展]

《刑法》第二百六十条规定："虐待家庭成员情节恶劣的，处二年以下有期徒刑、拘役或者管制。犯前款罪，致使被害人重伤、死亡的，处二年以上七年以下有期徒刑。"

虐待家庭成员的行为不但侵犯了家庭成员之间的平等权利，同时也侵犯了受害人的人身权利，其行为已经构成犯罪，应当受到刑事处罚。

虐待罪的行为主体和行为对象是家庭成员。该"家庭成员"可以作扩大解释，可包括常年共同生活的管家、保姆和有事实婚姻的夫妻。虐待罪中的"致使被害人死亡"包括被害人自杀。即使被害人自杀与虐待行为没有直接的因果关系，也视为结果加重犯。

问题4：
未成年人抽烟、喝酒是否属于不良行为？

[案例]

　　林一和表哥从小一起玩耍。初中时，林一考到了表哥所在的初中读书，林一读初中一年级，表哥读初中二年级。表哥读初中后经常和一些社会上辍学的人一起玩，不仅学习成绩一落千丈，而且沾染上了抽烟喝酒的坏习惯。林一觉得表哥平常抽烟喝酒非常酷，于是自己也模仿表哥抽烟喝酒。不仅如此，林一的班主任还发现林一经常和一些社会上的小混混儿聚众打架。于是，林一的班主任老师找到了林一的妈妈，向林一的妈妈说了林一抽烟喝酒、聚众打架的事情，并说明了这件事情对林一的影响非常大，家长必须严加管教。但是林一正处于叛逆阶段，不认为自己有什么错，对学校老师和妈妈的劝导一点儿也听不进去。

［法律问题］

未成年人抽烟喝酒是否属于不良行为？

［法律分析］

案例中，林一抽烟喝酒等行为不利于其健康成长，属于不良行为，应得到及时制止。不良行为是指违背未成年人身心健康，违背未成年人良好品行，违背社会公德，容易引发未成年人违法犯罪，但还未达到违法犯罪标准的行为。《预防未成年人犯罪法》第二十八条所称的不良行为，"是指未成年人实施的不利于其健康成长的下列行为：（一）吸烟、饮酒；（二）多次旷课、逃学；（三）无故夜不归宿、离家出走；（四）沉迷网络；（五）与社会上具有不良习性的人交往，组织或者参加实施不良行为的团伙；（六）进入法律法规规定未成年人不宜进入的场所；（七）参与赌博、变相赌博，或者参加封建迷信、邪教等活动；（八）阅览、观看或者收听宣扬淫秽、色情、暴力、恐怖、极端等内容的读物、音像制品或者网络信息等；（九）其他不利于未成年人身心健康成长的不良行为"。

［案例拓展］

近些年来，未成年人接触到的事物越来越多、范围越来越广，出现了一些值得引起社会关注的问题。特别是未成年人抽烟喝酒、沉迷网络游戏、过度消费等现象，对未成年人身心健康和正常学习生活造成不良影响，不利于未成年人健康成长。有不良行为的未成年人如果得不到及时的教育和纠正，其行为就很容易逐步发展，越来越恶劣，导致其最终步入违法犯罪的深渊。

《预防未成年人犯罪法》第二十九条、第三十条、第三十一条规定："未成年人父母或者其他监护人发现未成年人有不良行为的，应当及时制止并加强管教"；"公安机关、居民委员会、村民委员会发现本辖区内未成年人有不良行为的，应当及时制止，并督促其父母或者其他监护人依法履行监护职责"；"学校对有不良行为的未成年学生，应当加强管理教育，不得歧视；对拒不改正或者情节严重的，学校可以根据情况予以处分或者采取以下管理教育措施：（一）予以训导；（二）要求遵守特定的行为规范；（三）要求参加特定的专题教育；（四）要求参加校内服务活动；（五）要求接受社会工作者或者其他专业人员的心理辅导和行为干预；（六）其他适当的管理教育措施"。

问题5：

未成年人帮助小偷"望风"构成犯罪吗？

[案例]

十七岁的明明在放学回家路上遇到了两个行为诡异的人，因好奇心的驱使，明明上前一探究竟。原来是同班同学张琳和王五在预谋对学校附近超市的收银台行窃。此时张琳和王五也发现了明明，并劝说明明加入，只需他帮忙"望风"，待事成之后，明明可以分到三分之一的钱款。明明禁不住金钱的诱惑便加入了。在盗窃过程中，超市的老板回来了，发现他们正在用工具撬超市的收银台抽屉。三人被逮个正着，超市老板将他们一同送去了公安局。

[法律问题]

未成年人帮助小偷"望风"构成犯罪吗？

看了就能懂的
法律常识
未成年人保护
KANLE JIU NENG DONG DE
FALÜ CHANGSHI
WEICHENGNIANREN BAOHU

[法律分析]

　　明明在知道同学张琳和王五要进行盗窃的情况下，禁不住利益的驱使，仍然加入他们，为他们"望风"，此行为实际上已经与小偷达成一致的故意，属于共同犯罪。《刑法》第十七条规定："已满十六周岁的人犯罪，应当负刑事责任。"明明十七周岁，应当为自己的盗窃行为承担刑事责任，最终会被以盗窃罪定罪处罚。为小偷"望风"实际上已经与小偷达成一致的故意，属于盗窃犯，会被以盗窃罪定罪处罚。《刑法》第二百六十四条规定："盗窃公私财物，数额较大的，或者多次盗窃、入户盗窃、携带凶器盗窃、扒窃的，处三年以下有期徒刑、拘役或者管制，并处或者单处罚金；数额巨大或者有其他严重情节的，处三年以上十年以下有期徒刑，并处罚金；数额特别巨大或者有其他特别严重情节的，处十年以上有期徒刑或者无期徒刑，并处罚金或者没收财产。"

[案例拓展]

未成年人由于心智尚未发育成熟，对自己行为的辨认和控制能力都较弱，容易受到违法犯罪分子的教唆、引诱。如果未成年人因为法律对其保护而故意去触犯法律的底线，这样只会自食恶果，最终害人害己。有些未成年人法律意识薄弱，不学法不知法，对于犯罪行为辨识能力较差，容易受到成年犯罪分子的教唆、引诱而实施违法行为。因此，应引导未成年人多学习基本的法律知识，知法懂法，不能去做违法乱纪的事情。

问题6：
拉帮结伙打架，负责"望风"的人会被起诉吗？

[案例]

　　明明是一名高中生，性格开朗的他很喜欢交朋友。一次偶然的机会，他认识了同校同学小强。小强由于身材高大，又会跆拳道，在学校里是出了名的小霸王，所以学校里的大多数同学都怕他。一天，小强与同校王某因小事发生冲突，心里一直不痛快，于是叫了一些朋友打算教训王某。放学后，小强等人把王某堵在学校附近的一条胡同里，派明明在胡同口"望风"。王某见小强和他的"兄弟"走来，预感到大事不好，于是主动认错。小强见王某主动认错，只是教训了几下王某，未造成严重后果。王某父母得知此事后立即报了案，小强等人一并被抓获。

[法律问题]

拉帮结伙打架，负责"望风"的人会被起诉吗？

[法律分析]

根据《中华人民共和国刑事诉讼法》（以下简称《刑事诉讼法》）第十六条的规定，情节显著轻微、危害不大，不认为是犯罪的，属于不追究刑事责任的情形，已经追究的，应当撤销案件，或者不起诉，或者终止审理，或者宣告无罪。由此可知，案例中的明明等人的犯罪情节显著轻微，主观恶性较小，社会危害不大。明明在该案中只负责"望风"，起次要作用，因此不会被起诉。

[案例拓展]

《刑事诉讼法》第十六条："有下列情形之一的，不追究刑事责任，已经追究的，应当撤销案件，或者不起诉，或者终止审理，或者宣告无罪：（一）情节显著轻微、危害不大，不认为是犯罪的……"

刑事案件中，如果存在法定不予追究刑事责任的情形，就不应追究犯罪嫌疑人、被告人的刑事责任。诉讼开始前发现的，应当不立案。侦查阶段发现的，应当撤销案件。审查起诉阶段发现的，应当不起诉。审判阶段发现的，应当作出宣告无罪的判决。

问题7：
未成年人犯罪后自首，可以免予刑事处罚吗?

[案例]

　　小宽就读于某校高中二年级。由于父母常年在外地打工，没时间管教他，所以天生好玩的小宽学习成绩一直很差，但其本性不坏。2020年1月的一天，朋友叫小宽出去聚餐。几杯酒下肚后，小宽就醉了。醉酒的小宽不小心撞到了邻桌的一个女孩，该女孩的朋友非常生气，便与小宽争吵起来。后来小宽先动起手来，小宽的朋友见状后也一拥而上，将那女孩的朋友打伤。等警察赶来，小宽等人已经逃跑了。第二天，小宽觉得自己确实是无理取闹，于是便主动去派出所自首。

[**法律问题**]

小宽当时未满十八周岁，对于犯罪后主动自首的他，可以免予刑事处罚吗？

[**法律分析**]

小宽是可以免予刑事处罚的。根据《最高人民法院关于审理未成年人刑事案件具体应用法律若干问题的解释》第十七条规定，未成年罪犯根据其所犯罪行，可被判处拘役、三年以下有期徒刑，如果悔罪表现好，并且犯罪后有自首或立功表现，应当依照《刑法》第三十七条的规定免予刑事处罚。案例中，小宽涉嫌寻衅滋事罪，按情节可以处三年以下有期徒刑，但小宽犯罪后有悔罪表现，酒醒后主动到派出所自首，符合犯罪后自首的条件，因此可以免予刑事处罚。《刑法》第三十七条规定："对于犯罪情节轻微不需要判处刑罚的，可以免予刑事处罚，但是可以根据案件的不同情况，予以训诫或者责令其悔过、赔礼道歉、赔偿损失，或者由主管部门予以行政处罚或者行政处分。"

免予刑事处罚的规定，一方面对成功挽救初犯、偶犯的失足青少年具有积极的作用和意义；另一方面也使个别未成年人产生侥幸心理，对法律有恃无恐，不利于其真正悔罪和改过自新。因此，在实践中会根据具体案情来选择适用。

[案例拓展]

免予刑事处罚和无罪具有相同的含义吗？在法律后果上有什么不同呢？

免予刑事处罚和无罪的区别：

1. 两者所依据的法律不同

免予刑事处罚所依据的是《刑法》第三十七条规定，而无罪判决所依据的是《刑事诉讼法》。

2. 两者所适用的条件不同

依据《刑法》第三十七条的规定，免予刑事处罚要符合两个条件：一是犯罪情节轻微，二是不需要判处刑罚。只有当两个条件同时符合时，才能适用免予刑事处罚。

《刑事诉讼法》第二百条规定："（一）案件事实清楚，证据确实、充分，依据法律认定被告人有罪的，应当作出有罪判决；（二）依据法律认定被告人无罪的，应当作出无罪判决；（三）证据不足，不能认定被告人有罪的，应当作出证据不足、指控的犯罪不能成立的无罪判决。"即当法律规定为无罪的和证据不足的应当作无罪判决。

3. 两者的法律后果不同

免予刑事处罚是人民法院认定某种行为构成犯罪，但因犯罪情节轻微，而判决免予刑罚的一种处罚。免予刑事处罚仍构成刑事犯罪，会保留案底。

无罪判决的法律后果是当嫌疑人被羁押的，应当立即释放。无罪，当然就无需承担刑事责任，不受刑事处罚。

问题8：
十二岁的小孩杀人要承担刑事责任吗？

[案例]

小宇今年十二周岁，上小学六年级。小宇平时不爱学习，每次考试都是垫底，但他为人豪爽仗义，班级不管有谁被欺负，他都会挺身而出，所以同学们都很喜欢他。六年级下学期开学后，小宇班上转来一个叫小华的同学。小华也是一个爱出风头、爱行侠仗义的人，但"一山不容二虎"，小华和小宇因为互相看不顺眼而结怨。某天下午，小宇因受不了同学们都围在小华身边听他讲故事而起了教训小华的念头。这天放学后，小宇与自己的"死党"约好，要想办法让小华承认小宇是"老大"。周五放学后，小宇的"死党"在小华回家的路上将小华控制住，任由小宇对其进行殴打，并要小华承认小宇是"老大"。小华不服，并用言语讥讽小宇。小宇一怒之下从身后拿出一把事先准备好的匕首，对着小华肚子就是三刀。三刀后，小宇仍不罢休，又用刀在小华的脸上一边划了两刀，还将小华的右手砍伤，地上鲜血横流。后小华因失血过多经抢救无效死亡。该案经最高人民检察院核准追诉后，法院最后判定小宇要承担刑事责任。

[法律问题]

案例中的小宇要承担刑事责任吗？

[法律分析]

案例中，经最高人民检察院核准追诉后，小宇要承担刑事责任。小宇虽然只有十二周岁，但其用刀刺伤小华，刺伤后又在小华脸上刺刀，将小华右手砍伤，致其死亡，其手段残忍、情节恶劣。我国《刑法》第十七条第三款规定："已满十二周岁不满十四周岁的人，犯故意杀人、故意伤害罪，致人死亡或者以特别残忍手段致人重伤造成严重残疾，情节恶劣，经最高人民检察院核准追诉的，应当负刑事责任。"因此，案例中，最高人民检察院核准追诉后，小宇要为自己的行为承担刑事责任。

[案例拓展]

近年来，有一些受到舆论广泛关注的类似案例，如湖南娄底十三岁男孩捅死十二岁同学案、大连十三岁男孩杀害十岁女童案等。在这些案件中，嫌疑人年龄虽低，犯罪手段却极其残忍，案件性质极为恶劣。但最终，他们均因未满十四周岁，未被追究刑事责任。这引发了社会争议：明明是《未成年人保护法》，怎么就成了坏孩子的"保护伞"呢？同样是未成年人的受害者，他们的权益如何保护？因此，《刑法修正案（十一）》对此作出重大修改，对法定最低刑事责任年龄作个别下调。规定十二周岁以上低龄未成年人实施严重犯罪行为的，应当负刑事责任。《刑法修正案（十一）》对现行刑法作出多处修改。其中包括将《刑法》第十七条修改为："已满十六周岁的人犯罪，应当负刑事责任。已满十四周岁不满十六周岁的人，犯故意杀人、故意伤害致人重伤或者死亡、强奸、抢劫、贩卖毒品、放火、爆炸、投放危险物质罪的，应当负刑事责任。已满十二周岁不满十四周岁的人，犯故意杀人、故意伤害罪，致人死亡或者以特别残忍手段致人重伤造成严重残疾，情节恶劣，经最高人民检察院核准追诉的，应当负刑事责任。对依照前三款规定追究刑事责任的不满十八周岁的人，应当从轻或者减轻处罚。因不满十六周岁不予刑事处罚的，责令其父母或者其他监护人加以管教；在必要的时候，依法进行专门矫治教育。"

未成年人犯罪，事前的预防永远好过事后的惩治。《预防未成年人犯罪法》对未成年人偏常行为实施分级预防，进一步完善专门教育。因不满法定刑事责任年龄不予刑事处罚的"问题孩子"，经专门教育指导委员会评估同意，教育行政部门会同公安机关可以决定对其进行专门矫治教育。预防未成年人犯罪，不仅是法律问题，

看了就能懂的
法律常识
未成年人保护
KANLE JIU NENG DONG DE
FALÜ CHANGSHI
WEICHENGNIANREN BAOHU

更是社会问题。唯有凝聚全社会力量，完善教育机制、加强心理干预、守牢法律底线，才能更好地保护孩子的身心健康，让祖国的花朵茁壮成长。

问题9：
未成年人在成年前犯罪，成年后再次犯罪是否构成累犯？

[案例]

十七岁的小代早早辍学在家，整天游手好闲。父母见状也放弃了对小代的教育，不再对其说教。由于缺乏父母的管教，小代最终走上了违法犯罪道路，因为抢劫被判处四年有期徒刑。服刑完毕后，已经成年的小代由于长期和社会脱轨，一直没有找到合适的工作。一次偶然的机会，他结识了同是刚服刑完毕的陈某，两人便合谋进行入室盗窃，并在盗窃的过程中再次被抓获。

[法律问题]

未成年人在成年前犯罪，成年后再次犯罪是否构成累犯？

[法律分析]

《刑法》第六十五条规定："被判处有期徒刑以上刑罚的犯罪分子，刑罚执行完毕或者赦免以后，在五年以内再犯应当判处有期徒刑以上刑罚之罪的，是累犯，应当从重处罚，但是过失犯罪和不满十八周岁的人犯罪的除外。前款规定的期限，对于被假释的犯罪分子，从假释期满之日起计算。"第六十六条规定："危害国家安全犯罪、恐怖活动犯罪、黑社会性质的组织犯罪的犯罪分子，在刑罚执行完毕或者赦免以后，在任何时候再犯上述任一类罪的，都以累犯论处。"第一次犯罪，行为人还处于未满十八周岁的年龄，再次犯罪即使已经达到了法定的十八周岁年龄，行为人也不属于累犯。小代在犯罪时未满十八周岁，在成年后再次犯罪不属于累犯。

未成年人犯罪，但成年后被抓会怎么处理？

按规定，犯罪时是未成年人，并在成年后被公安机关抓获的，最终会以犯罪人实施犯罪行为的年龄结合犯罪情节处理。并且，确定犯罪人实施犯罪行为的年龄，计算时要注意以下：（1）周岁按照公历的年、月、日计算；（2）周岁以十二个月计算，每满十二个月即为一周岁；（3）每满十二个月即满一周岁应以日计算，从生日第二天起计算。所以，经计算确定犯罪时的年龄后，按以下处理：（1）已满十六周岁的人犯罪，要负刑事责任；（2）已满十四周岁不满十六周岁的人，犯故意杀人、故意伤害致人重伤或者死亡、强奸、抢劫、贩卖毒品、放火、爆炸、投放危险物质罪的，要负刑事责任；（3）已满十四周岁不满十八周岁的人犯罪，会从轻或者减轻处罚。

[案例拓展]

我国《刑法》规定的累犯，可分为一般累犯和特别累犯两类。

1. 一般累犯

一般累犯也称普通累犯，是指因犯罪受过一定的刑罚处罚，刑罚执行完毕或者赦免以后，在法定期限内又犯一定之罪的。《刑法》第六十五条规定："被判处有期徒刑以上刑罚的犯罪分子，刑罚执行完毕或者赦免以后，在五年以内再犯应当判处有期徒刑以上刑罚之罪的，是累犯，应当从重处罚，但是过失犯罪和不满十八周岁的人犯罪的除外。前款规定的期限，对于被假释的犯罪分子，从假释期满之日起计算。"

2. 特别累犯

特别累犯，是指因犯危害国家安全罪、恐怖活动犯罪、黑社会性质的组织犯罪被判处刑罚（对于刑罚种类没有要求），在刑罚执行完毕或赦免以后的任何时候再犯上述任一类罪之人；也就是指因犯特定之罪而受过刑罚处罚，在刑罚执行完毕或者赦免以后，又犯该特定之罪的犯罪分子。

根据我国《刑法》第六十五条规定，对累犯应当从重处罚，即采取必须从重处罚的原则。确定其刑事责任，应注意把握以下几个方面的问题：

第一，对于累犯必须从重处罚。即无论是一般累犯，还是特别累犯，都必须对其在法定刑的限度以内，判处相对较重的刑罚，即适用较重的刑种或较长的刑期。

第二，从重处罚，是相对于不构成累犯，应承担的刑事责任而言。对于累犯的从重处罚，参照的标准就是在不构成累犯时，应承担的刑事责任。有学者认为："应以不构成累犯的初犯或其他犯罪人为从重处罚的参照标准。具体而言，就是当累犯所实施的犯罪行为与某一不构成累犯者实施的犯罪行为在性质、情节、社会危害程度等方面基本相似的条件下，应比照对不构成累犯者应判处的刑罚再予以从重处罚。"这种看法值得研究。因为犯罪人不同，所犯之罪的具体情况不同，在这种与其他犯罪人进行的横向比较下，不可能真正做到公平。

第三，从重处罚必须根据其所实施的犯罪行为的性质、情节、社会危害程度，确定其刑罚，不是一律判处法定最高刑。

除此之外，要注意被判缓刑的犯罪分子在缓刑考验期满后又故意犯罪的不适用累犯的规定，因为《刑法》第六十五条规定："被判处有期徒刑以上刑罚的犯罪分子，刑罚执行完毕或赦免以后，在五年以内再犯应当判处有期徒刑以上刑罚之罪的，是累犯，应从重处罚，但是过失犯罪和不满十八周岁的人犯罪的除外。"

问题10：
在讯问未成年犯罪嫌疑人方面，法律有哪些特殊规定?

[案例]

小王的父母都在外地打工，小王便跟随爷爷奶奶生活。某天，小王想去网吧上网却没有钱，于是他来到一家冷饮店，趁老板不注意的时候将其挎包偷走。没想到过了两天，警察便根据线索找到了小王。原来他偷走的挎包里有近七千元的现金和价值五千元的手机。但考虑小王未满十八周岁，警方在讯问小王之前通知了他的父母到场。

[法律问题]

警方的做法正确吗? 在讯问未成年犯罪嫌疑人方面，法律有哪些特殊规定？

[法律分析]

警方的做法是正确的。我国《未成年人保护法》第一百一十条第一款规定："公安机关、人民检察院、人民法院讯问未成年犯罪嫌疑人、被告人，询问未成年被害人、证人，应当依法通知其法定代理人或者其成年亲属、所在学校的代表等合适成年人到场，并采取适当方式，在适当场所进行，保障未成年人的名誉权、隐私权和其他合法权益。"《刑事诉讼法》第二百八十一条第一款也规定，"对于未成年人刑事案件，在讯问和审判的时候，应当通知未成年犯罪嫌疑人、被告人的法定代理人到场。无法通知、法定代理人不能到场或者法定代理人是共犯的，也可以通知未成年犯罪嫌疑人、被告人的其他成年亲属，所在学校、单位、居住地基层组织或者未成年人保护组织的代表到场，并将有关情况记录在案。到场的法定代理人可以代为行使未成年犯罪嫌疑人、被告人的诉讼权利。"案例中，小王作为未成年犯罪嫌疑人，在讯问时应当通知他的父母到场。另外，若是讯问女性未成年犯罪嫌疑人，还应当有女性工作人员在场。

讯问、审判未成年犯罪嫌疑人、被告人时，有监护人在场，这是公安机关、检察院、法院的一项程序性义务，没有通知监护人到场的情形属于程序违法。这样规定是为了在程序上保障未成年人的合法权益。

[案例拓展]

司法机关给予违法犯罪的未成年人司法保护，主要是出于以下两个方面的考虑：

一方面，未成年人因身心发育尚未成熟，辨别是非的能力较差，在各种消极因素的影响下，容易走上犯罪的道路。他们与那些有组织、有预谋地进行犯罪活动、仇视社会、屡教不改的成年犯罪分子有本质区别，经常是受人教唆、指使才进行犯罪的，其犯罪的主观恶性相对较小，在接受教育改造时的可塑性较强。在法律许可的条件下，对他们不予处罚或从轻、减轻处罚，有利于调动他们改过自新、重新做人的积极性。如果处罚过重，就会使他们失去希望，自暴自弃，进而对抗改造，使针对他们开展的教育改造工作无从下手。

另一方面，由于未成年人处在从幼稚走向成熟的生长发育期，在社会经验、阅历、理解能力、表达能力等方面与成年人存在较大的差别，没有足够的能力来判断自己行为的善恶和预见自己行为的后果。在未成年人违法犯罪的案件中，"一失足成千古恨"的情况很常见。未成年人的身心特点决定了公检法等机关办理未成年人的刑事案件时，在程序上应当与办理成年人的刑事案件有所区别。无视这些区别，对未成年人刑事案件适用与成年人刑事案件完全相同的程序，让他们的诉讼权利和诉讼义务与成年被告人没有丝毫差别，是不利于保护未成年人的合法权益的。因此，为了维护未成年人的人格尊严，保证诉讼程序的公正性，我国《刑事诉讼法》《预防未成年人犯罪法》等法律法规规定了一些适应未成年人身心特点的诉讼权利、审理方法，从程序上维护了未成年人的合法权益。

问题11：
普法节目可以披露未成年犯罪人的真实姓名吗?

[案例]

小林在十六岁那年因抢劫罪被法院判处有期徒刑三年。在监狱里，小林真心悔过，认真改造，多次获得减刑，于2020年2月刑满释放。但出狱后不久，小林发现每当他走在路上时，都会引来他人异样的眼光，小林觉得很难过。原来，小林在刑满后接受了某电视台普法栏目的采访，当时小林的父母向电视台要求使用化名和做相关处理。但没想到的是，采访的字幕中用的是小林的真实姓名。

[法律问题]

普法节目在报道未成年人犯罪案件时，可以披露未成年人的姓名吗? 对此法律是如何规定的?

看了就能懂的
法律常识
未成年人保护
KANLE JIU NENG DONG DE
FALÜ CHANGSHI
WEICHENGNIANREN BAOHU

[法律分析]

　　无论是什么节目，都不可以披露未成年犯罪人的姓名等身份信息。《未成年人保护法》第一百零三条规定："公安机关、人民检察院、人民法院、司法行政部门以及其他组织和个人不得披露有关案件中未成年人的姓名、影像、住所、就读学校以及其他可能识别出身份的信息，但查找失踪、被拐卖未成年人等情形除外。"由此可知，新闻报道等不仅不能使用未成年人的真实姓名，其他任何可能识别出该未成年人身份的信息也均不得披露。案例中，电视台在字幕中披露了小林的身份，给小林及家人带来了巨大的伤害。小林及其父母可依照法律维护自身权益，要求电视台承担相应的损害赔偿责任。

[案例拓展]

　　《未成年人保护法》第四条规定："保护未成年人，应当坚持最有利于未成年人的原则。处理涉及未成年人事项，应当符合下列要求：（一）给予未成年人特殊、优先保护；（二）尊重未成年人人格尊严；（三）保护未成年人隐私权和个人信息；（四）适应未成年人身心健康发展的规律和特点；（五）听取未成年人的意见；（六）保护与教育相结合。"

　　《未成年人保护法》第四十九条规定："新闻媒体应当加强未成年人保护方面的宣传，对侵犯未成年人合法权益的行为进行舆论监督。新闻媒体采访报道涉及未成年人事件应当客观、审慎和适度，不得侵犯未成年人的名誉、隐私和其他合法权益。"

新闻报道不能披露犯罪未成年人的姓名等真实信息，这也是我国《民法典》人格权编的精神要求。法律之所以对未成年人作出如此特殊的保护，主要是为了防止社会上的消极影响，减轻未成年人受到的来自社会的舆论压力以及由此造成的心理负担，以免被披露的未成年人产生逆反情绪、对抗情绪或消极悲观情绪，甚至抗拒改造、重新违法犯罪，在违法犯罪的道路上越走越远。

如此规定有助于违法犯罪的未成年人加速改造，有助于其将来重返社会。同时，该规定也是保护未成年违法犯罪人的人格权，以及保障未成年违法犯罪人回归社会后开展正常社会生活的必要措施。

问题12：
未成年人刑满释放后就业，是否须向单位报告曾经犯罪的情况？

[案例]

    小磊从小跟爷爷奶奶长大，读完初中便辍学了。由于学历低，也没什么技能，小磊只能打零工挣点钱养活自己。十六岁那年，小磊跟别人一起抢钱，被抓获后，法院判定小磊犯抢劫罪，判处有期徒刑三年，于2019年10月刑满释放。出狱后的小磊决定好好做人，并通过自己的努力在一家运输公司找到了工作。在试用期间，小磊由于表现突出被提前正式录用，但在填写有关材料时，有一项"有无犯罪记录"让小磊犯了难。小磊不知道该不该说清自己的情况，怕说出来后公司不录用自己，但不说自己又感到不安。

[法律问题]

小磊须向单位报告自己的犯罪情况吗?

[法律分析]

小磊无须向单位报告自己的犯罪情况。《刑法》第一百条规定:"依法受过刑事处罚的人,在入伍、就业的时候,应当如实向有关单位报告自己曾受过刑事处罚,不得隐瞒。犯罪的时候不满十八周岁被判处五年有期徒刑以下刑罚的人,免除前款规定的报告义务。"《刑事诉讼法》第二百八十六条规定:"犯罪的时候不满十八周岁,被判处五年有期徒刑以下刑罚的,应当对相关犯罪记录予以封存。犯罪记录被封存的,不得向任何单位和个人提供,但司法机关为办案需要或者有关单位根据国家规定进行查询的除外。依法进行查询的单位,应当对被封存的犯罪记录的情况予以保密。"此种情形下应封存相关犯罪记录。

案例中,小磊犯罪时不满十八周岁,且被判处的有期徒刑为三年,符合免除报告义务的条件。因此,小磊无须向单位报告曾受过刑事处罚的情况,可以安心工作。

[案例拓展]

犯罪记录封存制度是国家对违法犯罪的未成年人实行"教育感化、挽救"方针和"教育为主、惩罚为辅"原则的具体体现,顺应了国际社会对未成年人特殊保护的发展趋势，是促进未成年人健康发展的重要司法举措。

如果小磊如实向公司报告了自己曾经的犯罪情况，而运输公司对小磊不予录用，那么运输公司应受到什么处罚？《预防未成年人犯罪法》第六十三条规定："违反本法规定，在复学、升学、就业等方面歧视相关未成年人的，由所在单位或者教育、人力资源社会保障等部门责令改正；拒不改正的，对直接负责的主管人员或者其他直接责任人员依法给予处分。"因此，如果运输公司拒绝录用小磊，其行为属于在就业方面歧视未成年人，该单位所在地的人力资源社会保障等部门将责令该单位改正。

问题13：
如果证人是未成年人，还需要出庭作证吗？

[案例]

某高中发生一起恶性伤人事件。警方介入调查后发现，事情是由于两位男生在打球时发生冲突所致，最终酿成大祸。此次事件的关键人物李某作为控方证人说明了三人的关系，并指证犯罪嫌疑人王某有将林某置于死地的犯罪故意。但此时，李某的父母却一直心存顾虑，他们认为李某还是未成年人，因此不希望李某出庭作证。

[法律问题]

未成年人作为证人，可以不出庭作证吗？

看了就能懂的
法律常识
未成年人保护
KANLE JIU NENG DONG DE
FALÜ CHANGSHI
WEICHENGNIANREN BAOHU

[法律分析]

《刑事诉讼法》第一百九十二条第一款规定："公诉人、当事人或者辩护人、诉讼代理人对证人证言有异议的，且该证人证言对案件定罪量刑有重大影响，人民法院认为证人有必要出庭作证的，证人应当出庭作证。"证人有出庭作证的义务。但对于未成年证人，法律有特殊规定。在刑事诉讼中，未成年人无论作为被害人，还是作为证人，一般都不会被要求出庭作证，这也是司法制度对未成年人特殊保护的体现。

为避免未成年被害人、证人在庭审中受到"二次伤害"，对于未成年被害人、证人，一般不得通知其出庭作证。对确有必要出庭作证的，可以采取不暴露身份信息、不暴露外貌和真实声音等特殊保护措施；条件具备的，还可以采取远程视频等方式。

[案例拓展]

证人的权利义务都有哪些？证人，是指了解案件事实并受人民法院传唤作证的人。证人就了解案件事实向人民法院作出的陈述，是证人证言。

证人在诉讼中享有下列诉讼权利：（1）用本民族语言、文字提供证言的权利；（2）对自己的证言笔录有权阅读，若发现有错误或者遗漏，有权进行更正或者补充；（3）因作证而遭侮辱、诽谤、殴打或者其他方式被打击报复时，有权要求人民法院给予法律保护；

（4）有权要求人民法院给予因法庭要求出庭作证所支出的费用和受到的损失，如误工工资、误工补贴、差旅费等；（5）有权改变自己已作的书面证言和口头证言的内容。

在享有上述诉讼权利的同时，证人应承担下列诉讼义务：（1）如实作证的义务，否则，人民法院可对其适用强制措施；（2）如实回答审判人员、当事人、诉讼代理人和法定代表人就他所作的证人证言提出的问题；（3）遵守法庭秩序的义务。

问题14：
猥亵儿童属于犯罪行为吗？法律对此是如何规
定的？

[案例]

　　雷雷等十几名男生都是某小学低年级的学生，正处于孩童阶段
的他们却因为同一件事受到了严重伤害。一天，雷雷的妈妈发现雷
雷回到家后心情很低落，不愿跟人说话。刚开始也没太在意，但后
来发现孩子越来越不对劲儿，身体也出现一些状况。她反复追问，
发现了事情真相。雷雷的妈妈立即报案。警察经过调查发现，原来
是班上的英语老师王某利用工作的便利，猥亵了十几名男生。很多
孩子不敢跟家长说，或家长发现后不愿声张，雷雷父母报案后王某
才东窗事发。

［法律问题］

王某猥亵儿童的行为是否构成犯罪？对此，法律又是如何规定的？

［法律分析］

猥亵，是指以满足刺激为目的，进行性交以外的淫秽行为。王某猥亵儿童的行为构成犯罪。我国《刑法》第二百三十七条规定："以暴力、胁迫或者其他方法强制猥亵他人或者侮辱妇女的，处五年以下有期徒刑或者拘役……猥亵儿童的，处五年以下有期徒刑；有下列情形之一的，处五年以上有期徒刑：（一）猥亵儿童多人或者多次的；（二）聚众猥亵儿童的，或者在公共场所当众猥亵儿童，情节恶劣的；（三）造成儿童伤害或者其他严重后果的；（四）猥亵手段恶劣或者有其他恶劣情节的。"由此可知，王某的行为属于猥亵儿童多人或者多次，应处五年以上有期徒刑。

［案例拓展］

法律上对于奸淫幼女的行为又是怎样量刑的呢？奸淫幼女，是指与不满十四周岁的幼女发生性关系的行为。奸淫幼女，不论行为人采用什么手段，也不论幼女是否同意，只要与幼女发生了性关系，就构成强奸罪，并且要从重处罚。这样的规定体现出法律对幼女的特殊保护。

　　《刑法》第二百三十六条第二款、第三款规定："奸淫不满十四周岁的幼女的，以强奸论，从重处罚。强奸妇女、奸淫幼女，有下列情形之一的，处十年以上有期徒刑、无期徒刑或者死刑：（一）强奸妇女、奸淫幼女情节恶劣的；（二）强奸妇女、奸淫幼女多人的；（三）在公共场所当众强奸妇女、奸淫幼女的；（四）二人以上轮奸的；（五）奸淫不满十周岁的幼女或者造成幼女伤害的；（六）致使被害人重伤、死亡或者造成其他严重后果的。"

问题15：
贩卖、收买儿童应当如何定罪处罚？

[案例]

张某与妻子婚后一直没有孩子，因此一直都很苦恼。后来，张某听人说同村的赵某花钱买了个男孩。过了几天，村子里突然来了警察，带走了男孩和赵某。此时的张某感到很奇怪，不知警察为什么将赵某与孩子一同带走？后来张某才得知，赵某买的孩子是被拐卖的，这是犯罪行为。

[法律问题]

赵某的行为应当如何定罪处罚？

[法律分析]

赵某的行为已经构成犯罪，依法将承担刑事责任。《刑法》第二百四十一条规定："收买被拐卖的妇女、儿童的，处三年以下有期徒刑、拘役或者管制……收买被拐卖的妇女、儿童，非法剥夺、限制其人身自由或者有伤害、侮辱等犯罪行为的，依照本法的有关规定定罪处罚。收买被拐卖的妇女、儿童，并有第二款、第三款规定的犯罪行为的，依照数罪并罚的规定处罚……收买被拐卖的妇女、儿童，对被买儿童没有虐待行为，不阻碍对其进行解救的，可以从轻处罚；按照被买妇女的意愿，不阻碍其返回原居住地的，可以从轻或者减轻处罚。"

案例中，赵某花钱买的男孩被公安机关发现是被拐卖的，因此赵某的行为构成了收买被拐卖的儿童罪，应依法处以刑罚。同时，收买被拐卖的妇女、儿童，非法剥夺、限制其人身自由或者有伤害、侮辱等犯罪行为的，依照该法的有关规定定罪处罚。所以，若赵某对男孩有伤害的行为，经查证属实还应按照刑法关于故意伤害罪的规定定罪处罚。

[案例拓展]

收买被拐卖的妇女、儿童，是指不以出卖为目的，而是用金钱财物收买被拐卖的妇女、儿童的行为。本罪的侵害对象只限于被拐卖的妇女、儿童，且一般情况下，行为人收买的目的是结婚、收养等。

若行为人收买妇女、儿童后非法剥夺、限制其人身自由，应数罪并罚，定收买被拐卖的妇女、儿童罪和非法拘禁罪；若是收买后有强奸行为，也是数罪并罚的；但若收买后又出卖，只定拐卖妇女、儿童罪。

关于拐卖妇女、儿童的，不论是哪个环节，只要是以出卖为目的，有拐骗、绑架、收买、贩卖、接送、中转、窝藏妇女、儿童的行为之一的，不论拐卖人数多少，是否获利，均应以拐卖妇女、儿童罪追究刑事责任。对收买被拐卖的妇女、儿童的，以及阻碍解救被拐卖的妇女、儿童构成犯罪的，也要依法惩处。出卖亲生子女的，由公安机关依法没收非法所得，并处以罚款；以营利为目的，出卖不满十四周岁子女，情节恶劣的，借收养名义拐卖儿童的，以及出卖捡拾的儿童的，均应以拐卖儿童罪追究刑事责任。出卖十四周岁以上女性亲属或者其他不满十四周岁亲属的，以拐卖妇女、儿童罪追究刑事责任。

看了就能懂的
法律常识
未成年人保护
KANLE JIU NENG DONG DE
FALÜ CHANGSHI
WEICHENGNIANREN BAOHU

问题16:
生下患有重大疾病的孩子，父母可以放弃对其抚养吗?

[案例]

田某与杨某于2018年结婚，2019年3月生下一子。正当全家人都沉浸在这份喜悦中时，一个突如其来的坏消息打破了这个家庭原本的平静。原来，刚刚出生的孩子被检查出患有先天性心脏病。田某与妻子听到这个噩耗后悲痛至极，他们想要为孩子治病，但一想到昂贵的医药费就犯难。最终，两人决定遗弃这个孩子，把孩子留在了医院，并更换了手机号和住址。医院报警后，公安机关找到田某夫妇，但二人仍拒绝抚养孩子。

[法律问题]

应该怎样看待田某夫妇的行为？生下患有重大疾病的孩子，父母就可以放弃抚养吗？

[法律分析]

田某夫妇的行为不仅会受到道德的谴责，如情节恶劣，还可能构成遗弃罪。《刑法》第二百六十一条规定："对于年老、年幼、患病或者其他没有独立生活能力的人，负有扶养义务而拒绝扶养，情节恶劣的，处五年以下有期徒刑、拘役或者管制。"父母对子女负有抚养的义务，这种义务不因孩子患病、经济困难等任何原因而解除。案例中，田某夫妇将孩子留在医院，且在公安机关找到他们的时候仍拒绝抚养，是明显的遗弃行为。

[**案例拓展**]

　　遗弃罪的行为主体是负有扶养义务的人，不限于家庭成员。扶养义务应扩大解释为扶助义务、救助义务。行为人必须负有扶养义务，这是构成遗弃罪的前提条件。遗弃罪指向的必须是未成年的子女、孙子女、外孙子女或弟妹，没有独立生活能力的子女亦在此列。

问题17：
未成年人离家出走应该怎么办？

[案例]

小刘是一名初中二年级的学生，父母对他的学习十分重视，小刘自己学习也非常努力，每次考试都在班级名列前茅。但是，在一次期中考试中，小刘因为生病导致卷子没有写完，考试成绩也因此不是很理想。回到家后，小刘的父母因为考试成绩不理想而批评了小刘。父母的行为让小刘心里很委屈，心想：自己是因为身体不适而没有写完卷子，父母没有关心自己也就算了，反而遭到了父母的严厉批评。一气之下，小刘便动了离家出走的念头。第二天，老师上课时发现小刘没有来学校上课，就联系了小刘的父母。经过学校和家长的多方寻找，最终在网吧找到了小刘。

看了就能懂的
法律常识
未成年人保护
KANLE JIU NENG DONG DE
FALÜ CHANGSHI
WEICHENGNIANREN BAOHU

[法律问题]

未成年人离家出走应该怎么办？

[法律分析]

根据《预防未成年人犯罪法》第三十四条及三十五条规定，对于学校而言，"未成年学生旷课、逃学的，学校应当及时联系其父母或者其他监护人，了解有关情况；无正当理由的，学校和未成年学生的父母或者其他监护人应当督促其返校学习。"对于未成年人的父母或者其他监护人而言，"未成年人无故夜不归宿、离家出走的，父母或者其他监护人、所在的寄宿制学校应当及时查找，必要时向公安机关报告。收留夜不归宿、离家出走未成年人的，应当及时联系其父母或者其他监护人、所在学校；无法取得联系的，应当及时向公安机关报告。"根据《预防未成年人犯罪法》第三十六条规定，对于公安机关、公共场所管理机构而言，接到夜不归宿、离家出走或者流落街头的未成年人的报告后，"应当及时采取有效保护措施，并通知其父母或者其他监护人、所在的寄宿制学校，必要时应当护送其返回住所、学校；无法与其父母或者其他监护人、学校取得联系的，应当护送未成年人到救助保护机构接受救助。"

［案例拓展］

在未成年人成长的过程中，学校、家庭、社会发挥着重要的作用。当学校发现未成年人旷课时，应当及时联系到学生的父母或者其他监护人，保证学校与家庭之间的有效沟通，发现问题后能及时通知到学生的监护人。失踪者的直系亲属可以持本人身份证件和失踪者的关系证明文件到当地派出所报案，并提供相关情况。具有下列情形之一，经审查，符合管辖规定的，公安机关应当立即以刑事案件立案，迅速开展侦查工作：（1）接到拐卖妇女、儿童的报案、控告、举报的；（2）接到儿童失踪或者已满十四周岁不满十八周岁的妇女失踪报案的；（3）接到已满十八周岁的妇女失踪，可能被拐卖的报案的；（4）发现流浪、乞讨的儿童可能系被拐卖的；（5）发现有收买被拐卖妇女、儿童行为，依法应当追究刑事责任的；（6）表明可能有拐卖妇女、儿童犯罪事实发生的其他情形的。

公安机关、公共场所管理机构等场所，如果发现或者接到夜不归宿、离家出走或者流落街头的未成年人报告后，应当及时采取

看了就能懂的
法律常识
未成年人保护
KANLE JIU NENG DONG DE
FALÜ CHANGSHI
WEICHENGNIANREN BAOHU

有效保护措施，并通知其父母或者其他监护人、所在的寄宿制学校，必要时应当护送其返回住所、学校；无法与其父母或者其他监护人、学校取得联系的，应当护送未成年人到救助保护机构接受救助，以保证未成年人的安全。

问题18：
为什么要对违法犯罪的未成年人给予司法保护?

[案例]

明明是一名初中三年级的学生，在和一群社会上的小混混儿打架斗殴的过程中，不小心将对方打成了重伤，被公安机关立案调查。在案件办理过程中，公安机关为明明提供了司法救济，法律援助机构指派了一名熟悉未成年人身心特点的律师对其进行了法律援助。在整个案件的办理过程中，公安机关、人民检察院、人民法院对明明的姓名、住址、就读学校等可以识别出特定个人的身份信息进行了保密，并充分考虑了明明的身心特点和健康成长的需要，听取了明明本人的意见。

[法律问题]

为什么要对违法犯罪的未成年人给予司法保护?

[法律分析]

案例中公安机关、人民检察院、人民法院对明明的保护是正确的。

根据《刑法》的规定,将未成年人划分为完全不负刑事责任年龄阶段与相对八种犯罪负刑事责任阶段,同时还对未成年人犯罪作出了应当从轻处罚的规定等。

《未成年人保护法》有如下规定:

第一百条　公安机关、人民检察院、人民法院和司法行政部门应当依法履行职责,保障未成年人合法权益。

第一百零一条　公安机关、人民检察院、人民法院和司法行政部门应当确定专门机构或者指定专门人员，负责办理涉及未成年人案件。办理涉及未成年人案件的人员应当经过专门培训，熟悉未成年人身心特点。专门机构或者专门人员中，应当有女性工作人员。

公安机关、人民检察院、人民法院和司法行政部门应当对上述机构和人员实行与未成年人保护工作相适应的评价考核标准。

第一百零二条　公安机关、人民检察院、人民法院和司法行政部门办理涉及未成年人案件，应当考虑未成年人身心特点和健康成长的需要，使用未成年人能够理解的语言和表达方式，听取未成年人的意见。

第一百零三条　公安机关、人民检察院、人民法院、司法行政部门以及其他组织和个人不得披露有关案件中未成年人的姓名、影像、住所、就读学校以及其他可能识别出其身份的信息，但查找失踪、被拐卖未成年人等情形除外。

第一百零四条　对需要法律援助或者司法救助的未成年人，法律援助机构或者公安机关、人民检察院、人民法院和司法行政部门应当给予帮助，依法为其提供法律援助或者司法救助。

法律援助机构应当指派熟悉未成年人身心特点的律师为未成年人提供法律援助服务。

法律援助机构和律师协会应当对办理未成年人法律援助案件的律师进行指导和培训。

问题19：
法律援助机构如何保障未成年人的权益？

[案例]

小赵是一名初中生，平时不好好读书，经常与闲散人员厮混。在一次打架斗殴中，不小心将对方打成了重伤，被公安机关立案调查。在案件办理过程中，由于小赵的父母没有给小赵请律师，所以法律援助机构为小赵指派了一名熟悉未成年人身心特点的律师对其进行法律援助。这位律师不仅通过多方面调查取证来帮小赵进行辩护，还耐心地为小赵进行了心理疏导，在案件的整个办理过程中发挥了巨大的作用。小赵最终仍被判处有期徒刑五年，但是法律援助保障了其基本的诉讼权利。

[法律问题]

法律援助机构如何保障未成年人的权益?

[法律分析]

《未成年人保护法》第一百零四条规定:"对需要法律援助或者司法救助的未成年人,法律援助机构或者公安机关、人民检察院、人民法院和司法行政部门应当给予帮助,依法为其提供法律援助或者司法救助。"案例中,法律援助机构指派了熟悉未成年人身心特点的律师为小赵提供法律援助服务,并为小赵进行了心理疏导,是符合《未成年人保护法》的。法律援助机构和律师协会应当对办理未成年人法律援助案件的律师进行指导和培训。

[案例拓展]

　　法律援助制度，是指为维护公民的合法权益，由政府设立的法律援助机构组织法律援助人员为经济困难或者特殊案件的当事人提供减免收费的法律服务制度。对我国的法律援助制度可作如下的理解：

　　第一，我国法律援助的宗旨是通过提供法律援助维护公民的合法权益。

　　第二，法律援助的对象是为了维护自身的合法权益需要获得法律服务，但因经济困难无力支付法律服务费用的当事人或者是特殊案件的当事人（例如可能被判处死刑的刑事被告人）。

　　第三，法律援助的内容是向法律援助对象提供法律服务，包括刑事辩护或刑事代理、民事代理、公证证明、法律咨询等。

　　第四，法律援助对象不论涉及诉讼案件还是非诉讼法律事务都可以申请法律援助。

　　我国法律援助的三个专业实施主体是律师、公证员、基层法律工作者。律师主要提供诉讼法律援助（包括刑事辩护、刑事代理和民事诉讼代理等）和非诉讼法律援助。公证员主要提供公证事项的法律援助。基层法律工作者主要提供法律咨询、代书、普通非诉讼事项的帮助等简易法律援助。

　　具备以下条件的中华人民共和国公民，可申请法律援助：（1）有充分理由证明为保障自己合法权益需要帮助；（2）确因经济困难，无能力或无完全能力支付法律服务费用（公民经济困难标准由各地参照当地政府部门的规定执行）。

盲、聋、哑和未成年人为刑事被告人或犯罪嫌疑人，没有委托辩护律师的，应当获得法律援助。其他残疾人、老年人为刑事被告人或犯罪嫌疑人，因经济困难没有能力聘请辩护律师的，可以获得法律援助。可能被判处死刑的刑事被告人没有委托辩护律师的，应当获得法律援助。

刑事案件中，外国籍被告人没有委托辩护人，人民法院指定律师辩护的，可以获得法律援助。

经审查批准的法律援助申请人或符合条件、接受人民法院指定的刑事被告人、嫌疑人为受援人。在法律援助过程中，受援人可以了解为其提供法律援助活动的进展情况；受援人有事实证明法律援助承办人员未适当履行职责的，可以要求更换承办人。

受援人因所需援助案件或事项的解决而获得较大利益时，应当向法律援助机构支付服务费用。

根据相关的法律规定，未成年人法律援助申请一般是由其监护人来提出。对于一般的申请，法律援助机构自收到申请之日起十日内进行审查并作出决定。对符合条件的当事人，作出同意提供法律援助的书面决定并通知受援人，由法律援助机构与法律援助承办人员、受援人三方共同签订"法律援助协议"；不符合条件的，法律援助机构将作出不予援助的决定。如果申请人对此持有异议，可在接到通知十日内向其主管的司法行政部门申请复查，司法行政部门应当在收到申请三十日内作出最终决定。

公民申请代理、刑事辩护的法律援助应当提交下列证件、证明材料：（1）身份证或者其他有效的身份证明，代理申请人还应当提交有代理权的证明；（2）经济困难的证明；（3）与所申请法律援助事项有关的案件材料。申请应当采用书面形式，填写申请表；以书面形式提出申请确有困难的，可以口头申请，由法律援助机构工作人员或者代为转交申请的有关机构工作人员作书面记录。

法律援助机构收到法律援助申请后，应当进行审查；认为申请人提交的证件、证明材料不齐全的，可以要求申请人作出必要的补充或者说明，申请人未按要求作出补充或者说明的，视为撤销申请；认为申请人提交的证件、证明材料需要查证的，由法律援助机构向有关机关、单位查证。对符合法律援助条件的，法律援助机构应当及时决定提供法律援助；对不符合法律援助条件的，应当书面告知申请人理由。《法律援助条例》第十九条规定："申请人对法律援助机构作出的不符合法律援助条件的通知有异议的，可以向确定该法律援助机构的司法行政部门提出，司法行政部门应当在收到异议之日起5个工作日内进行审查，经审查认为申请人符合法律援助条件的，应当以书面形式责令法律援助机构及时对该申请人提供法律援助。"

问题20：
能否把服刑的未成年人与成年人关押在一起？

[案例]

十七岁的小龙经常和社会上的不良青年混在一起。小龙的父母因为平时在外务工，对孩子管教不严，最终小龙走上了犯罪的道路，因为抢劫被判处三年有期徒刑。小龙在收到判决结果时，深刻地认识到自己的错误，非常后悔，但是为时已晚，只能在监狱里面好好改造。小龙的父母担心他和成年的服刑人员待在一起不但不会变好，反而会受到同期成年服刑人员的影响，可能走上更严重的犯罪道路。

[法律问题]

能否把服刑的未成年人与成年人关押在一起？

看了就能懂的
法律常识
未成年人保护
KANLE JIU NENG DONG DE
FALÜ CHANGSHI
WEICHENGNIANREN BAOHU

[**法律分析**]

《刑事诉讼法》第二百八十条第二款规定："对被拘留、逮捕和执行刑罚的未成年人与成年人应当分别关押、分别管理、分别教育。"所以小龙的父母并不需要对此担心。小龙作为未成年犯，不会与成年犯关押在一起，而是与其他未成年犯一起关押。这也是法律考虑到未成年人的身心特点，对未成年犯的特殊保护。

[**案例拓展**]

将未成年犯与成年犯严格分开关押，是对未成年犯管理的一条重要原则，其意义在于：

第一，便于创建有益于未成年犯身心健康、积极向上的改造环境。将未成年犯与成年犯分开关押，可以有效地防止未成年犯从成年犯那里感染恶习，防止未成年犯受成年犯的欺凌，保护未成年犯的人身安全，净化未成年犯的服刑改造环境。

第二，便于对未成年犯实施特殊处遇。对未成年犯专设未成年犯管教所，可以根据未成年犯的生理发育特点，采取优于成年犯的各种处遇措施。

第三，便于对未成年犯实施针对性教育和劳动。将未成年犯与成年犯分开关押后，未成年犯管教所可以对未成年犯实施针对性的教育，组织未成年犯从事与其生理特点相适应的劳动。在教育和劳动的时间分配上采取"半天学习、半天劳动"的特殊制度。

总之，将未成年犯与成年犯分开关押，为切实做好未成年犯的执行刑罚和改造工作奠定了基础。

问题21：

父母打骂孩子构成犯罪吗？

［案例］

小亮的母亲在其小学时因车祸去世，随后小亮便和父亲相依为命。但自从母亲去世后，父亲的脾气变得非常暴躁，并一直认为小亮母亲的去世跟小亮有很大关系，甚至经常对小亮进行打骂。小亮每次去上学，都会带着一脸伤。同学晨峰对小亮的伤既好奇又心疼，在追问下才得知，小亮的伤是被父亲打的。于是，晨峰一边劝小亮去医院，一边告诉小亮要采取法律措施保护自己。

［法律问题］

父母打骂孩子构成犯罪吗？

［法律分析］

《刑法》第二百六十条规定："虐待家庭成员，情节恶劣的，处二年以下有期徒刑、拘役或者管制。犯前款罪，致使被害人重伤、死亡的，处二年以上七年以下有期徒刑。"父母对孩子有一定的管教和惩罚的权利，但要以教育为主，不能越过法律的红线。对孩子经常性地打骂，有可能构成虐待罪。虐待，指的是对人的身体、精神进行摧残、迫害的行为，有经常性和一贯性。案例中，小亮父亲经常对小亮进行打骂，是构成虐待罪的。

［案例拓展］

被虐待儿童应该及时报警处理，可以由公安机关对虐待人进行处罚。如果情节严重的，可以由人民法院剥夺虐待人的监护权。如果构成犯罪的，被虐待儿童可以委托其他亲属提起自诉。构成虐待罪的行为是指虐待家庭成员，情节恶劣的行为。虐待的行为与偶尔打骂或者偶尔体罚行为的明显区别是：虐待行为往往是经常甚至一贯进行的，具有相对连续性。另外需要注意的是，非家庭成员之间的虐待行为，不构成虐待罪，而是构成故意伤害罪。

什么是家庭暴力？

1. 持续、经常性的体罚

这个是家庭暴力最主要的体现，就是父母会时不时地拿孩子出气，没有错的时候也会习惯性地体罚孩子，犯错之后更会找到理由加倍地施加暴力。如果出现了这种经常性的体罚、鞭打，那就可以认为是家庭暴力。

2. 身体和精神的损害

孩子作为父母的心头肉，在一般性体罚的时候，家长并不会使用鞭子、棍棒之类的工具。同样的，一般性体罚的目的是让孩子认识到自己的错误，避免下次发生，而不会在孩子心里面留下阴影。

问题22：
没有监护人的未成年人，在刑满释放后，应由谁监护?

［案例］

十四岁的小王从小就惹是生非，让其父母大感失望，对其的教育也逐渐疏忽，任由小王选择辍学也不加劝阻。小王的朋友多是一些游手好闲的闲散人员，小王最终走上了违法犯罪道路，因为抢劫被判处三年有期徒刑。在小王服刑期间，小王父母因为一场意外失去了生命。小王服刑结束后，应当由谁来监护呢？

［法律问题］

没有监护人的未成年人，在刑满释放后，应由谁监护?

[法律分析]

《预防未成年人犯罪法》第五十六条规定："对刑满释放的未成年人，未成年犯管教所应当提前通知其父母或者其他监护人按时接回，并协助落实安置帮教措施。没有父母或者其他监护人、无法查明其父母或者其他监护人的，未成年犯管教所应当提前通知未成年人原户籍所在地或者居住地的司法行政部门安排人员按时接回，由民政部门或者居民委员会、村民委员会依法对其进行监护。"案例中，小王服刑期间失去了父母，若其再无其他监护人，刑满释放后，应由民政部门或居民委员会、村民委员会依法对小王进行监护。

[案例拓展]

监护人是指在法律上负有保护被监护人的人身、财产安全，并对被监护人负有抚养、教育义务的人。

《民法典》第二十七条规定："父母是未成年子女的监护人。未成年人的父母已经死亡或者没有监护能力的，由下列有监护能力的人按顺序担任监护人：（一）祖父母、外祖父母；（二）兄、姐；(三)其他愿意担任监护人的个人或者组织，但是须经未成年人住所地的居民委员会、村民委员会或者民政部门同意。"

第三十一条第一款规定："对监护人的确定有争议的，由被监护人住所地的居民委员会、村民委员会或者民政部门指定监护人，有关当事人对指定不服的，可以向人民法院申请指定监护人；有关当事人也可以直接向人民法院申请指定监护人。"

未成年罪犯的监护人承担什么责任？

未成年罪犯监护人在某些情况下，是需要承担所有的民事赔偿责任的。教唆、胁迫、引诱未成年人实施法律上规定的不良行为、严重不良行为，或者为未成年人实施不良行为、严重不良行为提供条件，构成违反治安管理行为的，由公安机关依法予以治安处罚；构成犯罪的，依法追究刑事责任。

问题23：
保护未成年人的总体原则是什么？

[案例]

十岁的明明本出生在一个幸福美满的家庭，但是因为家庭的一些变故，父母离婚了。这让明明十分难过，父母双方也为争夺明明的抚养权而僵持不下，最终诉诸法院，请求法院确定抚养权。法院经过对父母双方的认真考察，结合明明本人的意愿，按照最有利于被抚养人成长原则，最终判令抚养权归明明的父亲所有。

［法律问题］

保护未成年人的具体原则是什么？

［法律分析］

根据《未成年人保护法》第四条规定，"保护未成年人，应当坚持最有利于未成年人的原则"，即未成年人最大利益原则。该原则要求将未成年人放在权利中心位置，在处理关乎未成年人利益的问题时，要全方位地考虑未成年人的长远利益和根本利益，从而作出最有利于未成年人的决定和安排。该原则是贯穿于未成年人保护工作全过程、对未成年人保护工作起指导作用的根本性准则。案例中，经过法院考察及结合明明本人意愿，最终将其抚养权判归父亲所有，是在遵循保护未成年人原则下作出的判决。在处理涉及未成年人事项时，还应当遵循以下基本原则：（1）给予未成年人特殊、优先保护；（2）尊重未成年人的人格尊严；（3）保护未成年人的隐私权和个人信息；（4）适应未成年人身心健康发展的规律和特点；（5）听取未成年人的意见；（6）保护与教育相结合。由于未成年人的身心还未成熟，因此在未成年人保护工作过程中，要给予未成年人特殊保护，尊重其人格尊严。此外，未成年人保护工作不能仅仅把未成年人当作保护对象，也应当重视其主体性的发挥，因而要保护未成年人的隐私权和个人信息，在作出与未成年人权益有关的决定、委托照护等时，要听取未成年人的意见。

[案例拓展]

学校是未成年人步入社会的重要阶段，学生时期是塑造未成年人世界观、人生观和价值观的黄金时段。在学校接受教育，是未成年人成长道路上人格养成最关键的一环。《未成年人保护法》在学校保护这一章，专门提出了学校保护的总体原则：学校应当全面贯彻国家教育方针，坚持立德树人，实施素质教育，提高教育质量，注重培养未成年学生认知能力、合作能力、创新能力和实践能力，促进未成年学生全面发展。学校应当建立未成年学生保护工作制度，健全学生行为规范，培养未成年学生遵纪守法的良好行为习惯。

第三章
未成年人的民事权利与义务

问题1：

因学校组织活动导致踩踏事故发生，谁来承担责任？

[案例]

某日，小金所在的小学突然决定召开大会，同学们都着急往楼下跑，导致楼梯间有些拥堵。小金一不小心跌倒了，后面的同学来不及躲避，遂发生踩踏事故。小金和其他三名同学受了轻伤。老师们闻讯后赶到现场进行疏导，经过十几分钟的处理，现场秩序恢复正常。

[法律问题]

在学校教学楼内发生踩踏事故，应由谁承担责任？

[法律分析]

学校作为未成年人接受教育的重要场所，应当将安全教育放在重要位置。我国《未成年人保护法》第三十五条规定："学校、幼儿园应当建立安全管理制度，对未成年人进行安全教育，完善安保设施、配备安保人员，保障未成年人在校、在园期间的人身和财产安全。"无论在教育教学活动中，还是在集体娱乐活动中，学校都应当时刻注意提高学生的安全意识，加强对未成年人的安全教育工作，采取措施保障未成年人的人身和财产安全。

就未成年人在学校中受到伤害的责任承担问题，我国《民法典》第一千一百九十九条规定："无民事行为能力人在幼儿园、学校或者其他教育机构学习、生活期间受到人身损害的，幼儿园、学校或者其他教育机构应当承担侵权责任；但是，能够证明尽到教育、管理职责的，不承担侵权责任。"第一千二百条规定："限制民事行为能力人在学校或者其他教育机构学习、生活期间受到人身损害，学校或者其他教育机构未尽到教育、管理职责的，应当承担侵权责任。"

案例中，之所以发生学生踩踏事故，除了学生遵守秩序意识、互相谦让意识薄弱外，还与学校疏于管理有很大关系。事件发生时，楼梯间并没有专门人员管理，学生毫无秩序地拥堵在一起，这样发生安全事故的可能性必然较大。因此，学校对此事件负有过错，未尽到教育、管理职责，应当依法承担相应的责任。

[案例拓展]

学校对校内未成年学生的安全负有保障义务。学生发生意外事故，如果该学生是无民事行为能力人，那么学校承担的是过错推定责任，即推定学校承担责任；若学校能举证证明自己尽到了教育、管理职责的，不承担侵权责任。如果该学生是限制民事行为能力人，那么学校承担的是过错责任，即学校未尽到教育、管理职责的，应当承担侵权责任。

未成年学生平时在学校中发生的意外事故，责任已经明确。在现实中，则有很多特殊情况需要关注，如学校在校外组织一些课外活动，这些活动是否也需要学校承担责任呢？例如学校组织未成年学生春游，而校外活动承包给了旅游公司，在此期间学生发生人身损害，学校也要承担相同的管理和保护义务吗？根据《最高人民法院关于审理人身损害赔偿案件适用法律若干问题的解释》第七条和《学生伤害事故处理办法》第九条之规定，明确了学校对未成年人负有教育、管理和保护的义务。学校组织学生参加校外活动时，虽然将活动交由旅游公司进行，但不能转嫁其作为教育机构对学生进行教育、管理和保护的法定义务。

未成年学生到相对陌生的地点参加活动，即使有导游服务，也可能发生争吵、打架、追逐等情况，甚至会出现因学生对景区内设施不熟悉、使用不当而发生意外的事故。学校应当预见到这些风险，并采取必要的安全防范措施。

问题2：
学生被老师批评后自杀，应该由谁承担责任？

[案例]

　　小程虽然身体有残疾，但学习成绩一直名列前茅。某日，小程早上未吃饭而感到肚子很饿，就在自习课上偷偷地吃东西。这一幕正好被经过的班主任老师看到。于是，老师在全班同学面前对小程进行了语言上的侮辱，嘲笑其身体上的残疾，同时也对小程偷吃东西的行为进行了批评。小程觉得在同学面前丢了面子，自尊心受到了严重打击。他无法接受这样的事实，跳楼自杀了。

[法律问题]

　　学生因为被老师批评而自杀的，应该由谁来承担责任？

看了就能懂的
法律常识
未成年人保护
KANLE JIU NENG DONG DE
FALÜ CHANGSHI
WEICHENGNIANREN BAOHU

[法律分析]

《未成年人保护法》第二十七条规定："学校、幼儿园的教职员工应当尊重未成年人人格尊严，不得对未成年人实施体罚、变相体罚或者其他侮辱人格尊严的行为。"班主任老师在全班同学面前对小程进行语言上的侮辱，并对小程进行批评，没有考虑学生小程的内心感受，导致小程的自尊心受到严重伤害而跳楼自杀，班主任老师负有责任。根据《教师资格条例》第十九条规定，品行不良、侮辱学生，影响恶劣的，由县级以上人民政府教育行政部门撤销其教师资格。案例中，班主任老师的行为导致小程自尊心受到伤害而跳楼自杀，应由县级以上人民政府教育行政部门撤销班主任老师的教师资格，并对其依法给予处理。

教师应爱护学生，尊重学生人格，促进学生在德、智、体等方面全面发展，而不能侮辱学生、体罚学生。这不仅是师德要求，更是法律义务。学校也应当注意根据未成年学生身心发展特点，对他们进行社会生活指导、心理健康辅导、青春期教育和生命教育。

[案例拓展]

老师可以对未成年学生进行体罚或变相体罚吗？答案是否定的。体罚是指通过对人身体的责罚，特别是造成疼痛来进行惩罚或教育的行为。体罚不仅损害了学生的身体，也损害了学生的人格尊严。常见的体罚方式有罚站、罚跪、罚绕操场跑圈等，严重的还有打耳光，用黑板擦、扫帚等责打学生。变相体罚的惩罚措施一般没有直接的身体接触，通常采用罚抄课文、罚做值日、不让吃饭、放学后不让学生回家、不分青红皂白地辱骂或者挖苦学生、无故禁止学生参加班级活动等方式，侧重在心理上对学生施加压力，使受罚学生感到痛苦或者疲劳。相比体罚，变相体罚对于学生身体的损害并不那么明显，表面看来不会造成严重后果，但是变相体罚对受罚学生造成的心灵创伤不可忽视。未成年人的心理发育未健全，因变相体罚带来的羞辱、愧疚等负面情绪和心理压力如果不能得到及时疏导，很有可能导致严重后果。在现实中，因体罚和变相体罚而危及未成年人生命的情况时有发生。因此，《未成年人保护法》第二十七条明确规定："学校、幼儿园的教职员工应当尊重未成年人人格尊严，不得对未成年人实施体罚、变相体罚或者其他侮辱人格尊严的行为。"

看了就能懂的
法律常识
未成年人保护
KANLE JIU NENG DONG DE
FALÜ CHANGSHI
WEICHENGNIANREN BAOHU

问题3：
幼儿园老师用针扎幼儿应负什么责任？

[案例]

　　小牛今年五岁，就读于当地某著名幼儿园。某天晚上，母亲周某给小牛洗澡时，发现小牛的胳膊上有几个分布不均匀的结痂针孔。周某仔细想了想，近期小牛没有接种疫苗，便问小牛是怎么回事。小牛支支吾吾地也没说出个所以然来。周某感觉不对劲，立刻询问班级其他家长有没有相同的情况。在别的家长对孩子的追问下，周某得知，小牛胳膊上的针孔是幼儿园的老师用针扎的。

[法律问题]

　　幼儿园的老师用针扎幼儿应负什么责任？

[法律分析]

幼儿是祖国的未来，是需要特殊保护的群体，其合法权益不容侵犯。《未成年人保护法》第二十七条规定："学校、幼儿园的教职员工应当尊重未成年人人格尊严，不得对未成年人实施体罚、变相体罚或者其他侮辱人格尊严的行为。"幼儿教师本应对其看护的幼儿进行看管、照料、保护、教育，小牛的幼儿园老师却违背职业道德和看护职责要求，用针对幼童进行伤害，其行为严重损害了未成年人的身心健康，不仅违反了《未成年人保护法》的相关规定，而且还可能构成虐待被看护人罪。

[案例拓展]

幼儿园教育是整个教育体系的基础，是未成年人从家庭迈入学校的第一步。未成年人进入幼儿园后，幼儿园应当做好保育、教育工作；幼儿园不能对入园幼儿进行小学课程教育，要遵循幼儿身心发展规律，实施启蒙教育，促进幼儿在体质、智力、品德等各方面和谐发展。

问题4：
非学校配备的校车发生事故时，责任由谁承担？

[案例]

　　晨晨住在县城，但他就读的学校在市区，距离学校较远。该学校像晨晨这样的学生很多，上学很不方便。于是，学校为了方便学生上下学，与某校车服务提供者签订了合同，由校车服务提供者负责接送学生。某天，在放学的途中，由于校车司机犯困，一不小心闯了红灯，导致发生了交通事故，造成晨晨等十三人不同程度受伤。

[法律问题]

　　像这种不是学校配备的校车发生事故，应该由谁来承担责任？

[法律分析]

为了应对频发的校车安全事故，加强校车安全管理，保障学生的交通安全，国务院颁布了《校车安全管理条例》，第九条规定："学校可以配备校车。依法设立的道路旅客运输经营企业、城市公共交通企业，以及根据县级以上地方人民政府规定的设立的校车运营单位，可以提供校车服务。县级以上地方人民政府根据本地区实际情况，可以制定管理办法，组织依法取得道路旅客运输经营许可的个体经营者提供校车服务。"第十一条规定："由校车服务提供者提供校车服务的，学校应当与校车服务提供者签订校车安全管理责任书，明确各自的安全管理责任，落实校车运行安全管理措施。学校应当将校车安全管理责任书报县级或者设区的市级人民政府教育行政部门备案。"第五十九条规定："发生校车安全事故，造成人身伤亡或者财产损失的，依法承担赔偿责任。"由此可见，校车必须依法取得使用许可，校车提供者要保证校车本身的安全，提供符合要求的驾驶员等。案例中，校车司机因犯困闯红灯，导致交通

看了就能懂的
法律常识
未成年人保护
KANLE JIU NENG DONG DE
FALÜ CHANGSHI
WEICHENGNIANREN BAOHU

事故的发生，使学生受到损害，安全受到威胁。所以，校车服务提供者要依法承担赔偿责任。

学生是祖国的未来，保障学生安全是全社会不可推卸的责任，也是社会普遍关心的问题。校车安全不仅是一项重要的工作，更是一个严肃的社会问题，保障校车安全需要全社会高度重视，各种力量联合起来，任重而道远。

[案例拓展]

什么是校车？校车是指用于运送不少于五名幼儿园、小学、中学等教育机构的学生及其照管人员上下学的客车和乘用车。根据乘坐对象的不同，校车还可分为幼儿校车、小学生校车和其他校车。根据车辆的属性，又可分为专用校车和非专用校车。专用校车，指的是根据相关规范和标准，从设计到制造的每一个技术环节都适用运送学生的专用车辆。非专用校车，就是用于运送学生的其他社会车辆。

校车发生事故，责任如何承担？《民法典》根据学生的年龄划分出不同的归责原则。针对无民事行为能力人，特别是这一年龄段孩子发生的人身损害，法律相应地增加了幼儿园、学校或者其他教育机构的照管责任，适用的是过错推定的原则。也就是说，无民事行为能力人在幼儿园、学校或者其他教育机构学习、生活期间受到人身损害的，幼儿园、学校或者其他教育机构应当承担侵权责任，但能够证明尽到教育、管理职责的，不承担责任。针对限制民事行为能力人在学校或者其他教育机构学习、生活期间受到人身损害的，该情况适用的是一般过错原则，即学校或者其他教育机构未尽到教育、管理职责的，应当承担侵权责任。

幼儿园或学校提供的校车应当认定是校园的自然延伸，作为幼儿园或者学校开展的服务项目，应由其承担将孩子安全送至规定地点的责任，对于孩子的人身安全负有照管义务。这种义务是一种法定义务，孩子在校车上遭受人身损害时，亦应当依照上述法律规定承担责任。需要注意的是，以下两种情况，幼儿园或学校是不承担责任或者只承担补充责任的：第一，"校车"不是幼儿园或学校提供，而是由几个家长合租一辆车接送孩子。这种情况下，如果孩子遭受人身损害，幼儿园和学校就不承担责任，应当由侵权人承担相应的责任。第二，校车虽是幼儿园或者学校提供，但未成年人遭受人身损害系由第三人侵权所致，第三人应当承担侵权责任。学校、幼儿园等教育机构有过错的，应当承担相应的补充责任。

问题5：
老师可以对未成年学生进行体罚或者变相体罚吗？

［案例］

小钱是个非常聪明的孩子，学习成绩优秀，但有点儿小马虎。在一次考试中，由于粗心大意将很简单的问题写错了，失去了本该拿到的分数。老师为了让小钱记住这个教训，罚小钱抄写一百遍错题，并进行了体罚。小钱回到家后，心里十分委屈。小钱的父母看到他闷闷不乐的样子，就询问小钱发生了什么事情。小钱的父母虽然知道老师是为了让小钱改掉这个马虎的习惯，但是对老师的做法非常不赞同。

［法律问题］

老师可以对未成年学生进行体罚或者变相体罚吗？小钱有权追

究老师的刑事责任吗？

[法律分析]

《未成年人保护法》第二十七条规定："学校、幼儿园的教职员工应当尊重未成年人人格尊严，不得对未成年人实施体罚、变相体罚或者其他侮辱人格尊严的行为。"

《义务教育法》第二十九条规定："教师在教育教学中应当平等对待学生，关注学生的个体差异，因材施教，促进学生的充分发展。教师应当尊重学生的人格，不得歧视学生，不得对学生实施体罚、变相体罚或者其他侮辱人格尊严的行为，不得侵犯学生合法权益。"

《教师法》第三十七条规定："教师有下列情形之一的，由所在学校、其他教育机构或者教育行政部门给予行政处分或者解聘：（一）故意不完成教育教学任务给教育教学工作造成损失的；（二）体罚学生，经教育不改的；（三）品行不良、侮辱学生，影响恶劣的。教师有前款第（二）项、第（三）项所列情形之一，情节严重，构成犯罪的，依法追究刑事责任。"

案例中的小钱有权不写老师布置的、抄写一百遍错题的作业。我国《义务教育法》《教师法》都有专门规定，老师不得体罚学生。如果体罚学生构成了轻伤，就构成了刑法上的故意伤害，是要承担刑事责任的。

看了就能懂的
法律常识
未成年人保护
KANLE JIU NENG DONG DE
FALÜ CHANGSHI
WEICHENGNIANREN BAOHU

 问题6：
学校能在周末给义务教育阶段的学生补课吗？

[案例]

　　冬冬是一名初中三年级的学生，每天的学习任务非常重。因为即将面临中考，老师每天给学生布置许多的模拟卷。学校为了提高学生的文化知识水平，还决定在周六、周日为学生补习功课，并且让学生写了一份"自愿"补课的承诺书。学生觉得平常学习任务就已经很重了，本以为周末可以稍作歇息，却还要继续到学校补课。于是，几个学生一起对学校补课的行为进行了举报。

[法律问题]

　　学校能在周末给义务教育阶段的学生补课吗？

[法律分析]

《未成年人保护法》第三十三条规定："学校应当与未成年学生的父母或者其他监护人互相配合，合理安排未成年学生的学习时间，保障其休息、娱乐和体育锻炼的时间。学校不得占用国家法定节假日、休息日及寒暑假期，组织义务教育阶段的未成年学生集体补课，加重其学习负担。"案例中，冬冬学校的补课行为是违法的，不应被提倡。

[案例拓展]

首先，学校安排学生在假期补课属于违法行为。

目前，国家严肃贯彻落实教学减负政策，教育部早就三令五申严禁对义务教育阶段的学生在假期进行补课，且对违反的组织及个人，要求给予严格的查处。因此，假期补课是违法的，当事人可以向有关教育主管部门投诉。

法定节假日学校补课属于违法行为，一般是违反了我国《教育法》的规定。学校上课的时间必须是正常的日期，法定节假日是孩子休息的日期，学校是没有权利要求补课的。

根据《严禁中小学校和在职中小学教师有偿补课的规定》第四条，各地教育部门要将在职教师是否组织或参与有偿补课，作为年度考核、职务评审、岗位聘用、实施奖惩的重要依据，实行一票否决制。第一，严禁中小学校组织、要求学生参加有偿补课；第二，严禁中小学校与校外培训机构联合进行有偿补课；第三，严禁中小学校为校外培训机构有偿补课提供教育教学设施或学生信息；第四，严禁在职中小学教师组织、推荐和诱导学生参加校内外有偿补课；第五，严禁在职中小学教师参加校外培训机构或由其他教师、家长、家长委员会等组织的有偿补课；第六，严禁在职中小学教师为校外培训机构和他人介绍生源、提供相关信息。教育部已经明确发布通告禁止学校假期补课。如果学校加课，家长可以直接致电教育局举报，帮助规范学校的课程设置，让学生的课业更加丰富多彩。

其次，家长对于学校的管理有意见，可以投诉学校。

第一，可以向当地的教育部门或者政府其他职能部门投诉。第二，可以拨打当地投诉电话，向教育局反映情况。第三，可以登录当地教育局的官网，进行网上投诉。第四，还可以写信投诉。

最后，关于老师有偿补课的处罚。

对于违反上述规定的中小学校，视情节轻重，相应给予通报批评、取消评奖资格、撤销荣誉称号等处罚，并追究学校领导责任及相关部门的监管责任。对于违反上述规定的在职中小学教师，视情节轻重，分别给予批评教育、诚勉谈话、责令检查、通报批评直至相应的行政处分。若教师是无偿补课，一般情况下是不违法的。

问题7：
学生在学校里被校外人员打伤，学校是否承担责任？

[**案例**]

明明和东东是同班同学。一天，两人因为座位的问题发生了口角，明明一怒之下就打了东东几下。东东见打不过身材魁梧的明明，当天回到家就把这件事告诉了已经不上学的表哥。表哥见自己的表弟受到了欺负，第二天便带着东东到学校将明明打了一顿，还好被赶来的老师及时制止，将明明送去了医院救治。经医生诊断，明明的胳膊被打骨折，面部有多处擦伤。明明的父母得知自己的孩子在学校被打，就来到学校商讨应该由谁来承担责任的问题。明明的父母认为校外人员进入学校打架，学校没有尽到对学生的保护责任，应当由学校来承担这个责任。但是学校却认为由于老师及时制止，并将明明送到医院进行救治，已经尽了自己的义务。

[法律问题]

学生在学校里被校外人员打伤，学校是否承担责任？

[法律分析]

关于责任的划分问题，我国《民法典》《未成年人保护法》等相关法律法规对此都有明确规定。《未成年人保护法》第三十五条规定："学校、幼儿园应当建立安全管理制度，对未成年人进行安全教育，完善安保设施、配备安保人员，保障未成年人在校、在园期间的人身和财产安全。学校、幼儿园不得在危及未成年人人身安全、身心健康的校舍和其他设施、场所中进行教育教学活动。学校、幼儿园安排未成年人参加文化娱乐、社会实践等集体活动，应当保护未成年人的身心健康，防止发生人身伤害事故。"《民法

看了就能懂的
法律常识
未成年人保护
KANLE JIU NENG DONG DE
FALÜ CHANGSHI
WEICHENGNIANREN BAOHU

典》第一千二百条规定："限制民事行为能力人在学校或者其他教育机构学习、生活期间受到人身损害，学校或者其他教育机构未尽到教育、管理职责的，应当承担侵权责任。"

案例中，明明在校期间人身安全受到威胁，学校未尽到教育、管理职责，应当承担侵权责任。

[案例拓展]

《民法典》第一千二百零一条规定："无民事行为能力人或者限制民事行为能力人在幼儿园、学校或者其他教育机构学习、生活期间，受到幼儿园、学校或者其他教育机构以外的第三人人身损害的，由第三人承担侵权责任；幼儿园、学校或者其他教育机构未尽到管理职责的，承担相应的补充责任。幼儿园、学校或者其他教育机构承担补充责任后，可以向第三人追偿。"幼儿园、学校或者其他教育机构以外的人员进入校园，或者在幼儿园、学校或者其他教育机构组织学生外出活动期间直接造成学生人身伤害的，该校外人员的侵权行为直接造成人身损害后果的发生，其作为侵权人应当依法承担侵权责任。学校未尽到管理职责，也要承担相应的补充责任。

问题8：
学生是否享有平等的受教育权?

[案例]

畅畅先天唇腭裂。在成长过程中，畅畅发现自己与其他人的不同，感觉周围的人都用异样的眼光看自己。尽管她已经做了几次修复手术，但没有完全恢复正常。慢慢地，畅畅变得越来越不自信，上课也不爱回答问题，学习成绩也是班级里面的垫底水平，甚至逃避上学，不想与人交流。

[法律问题]

学生是否享有平等的受教育权?

看了就能懂的
法律常识
未成年人保护
KANLE JIU NENG DONG DE
FALÜ CHANGSHI
WEICHENGNIANREN BAOHU

[法律分析]

我国《宪法》第四十六条规定："中华人民共和国公民有受教育的权利和义务。国家培养青年、少年、儿童在品德、智力、体质等方面全面发展。"畅畅虽然容貌存在缺陷，但是她在受教育方面与正常学生一样都有接受义务教育的权利。对于像畅畅一样的学生，学校和社会应多予以关爱。

[案例拓展]

《义务教育法》第六条第一款规定："国务院和县级以上地方人民政府应当合理配置教育资源，促进义务教育均衡发展，改善薄弱学校的办学条件，并采取措施，保障农村地区、民族地区实施义务教育，保障家庭经济困难的和残疾的适龄儿童、少年接受义务教育。"

问题9：
学校有权对违反校规的学生进行罚款吗?

[案例]

明明是一名初中一年级的学生。在一次自习课上，明明因为睡觉而被检查纪律的老师抓到，老师不仅在大会上对其进行了通报，而且还扣了明明班级的荣誉积分，导致班级没有被评上优秀班级。这件事情过后，明明主动向班主任道歉，班主任要求明明写一份检讨书，并对明明处以一百元的罚款。

[法律问题]

学校有权对违反校规的学生进行罚款吗?

[法律分析]

对于义务教育阶段的学生，《义务教育法》中专门规定了学校或者老师不得收取学费，不得变相收费，违反上述规定的有关学校和老师将受到法律的追究。所以，老师对学生进行罚款是变相收费的行为，无法律依据，是违法的。《义务教育法》第二条规定："国家实行九年义务教育制度。义务教育是国家统一实施的所有适龄儿童、少年必须接受的教育，是国家必须予以保障的公益性事业。实施义务教育，不收学费、杂费。国家建立义务教育经费保障机制，保证义务教育制度实施。"针对明明上课睡觉的行为，学校有权利依据学校的规章制度对明明进行一定的处罚，如通报批评、写检查等。但是班主任对明明进行罚款的行为绝对不可取。

[案例拓展]

学校向学生收费必须依法进行，遵守国家的有关规定，不得违反规定向学生收费；否则，应依法承担相应的法律责任，《义务教育法》第五十六条第一款规定："学校违反国家规定收取费用的，由县级人民政府教育行政部门责令退还所收费用；对直接负责的主管人员和其他直接责任人员依法给予处分。"

问题10：

辍学的未成年人还能继续上学吗?

[案例]

小袁是一名初中二年级的学生。在小袁很小的时候，父母就在外打工，平常和爷爷奶奶一起生活。小袁的学习成绩不是很理想，爷爷奶奶也帮不上忙，无奈之下同意小袁辍学，小袁开始了打工生活。小袁的父母在外多年，深知知识的重要性，在得知小袁辍学后，便急忙赶回家找辅导老师帮小袁补习，希望孩子能再次回到学校，继续读书。小袁的父母想知道小袁能否再次回到学校读书。

[法律问题]

辍学的未成年人还能继续上学吗?

[法律分析]

我国《未成年人保护法》第二十八条规定："学校应当保障未成年学生受教育的权利，不得违反国家规定开除、变相开除未成年学生。学校应当对尚未完成义务教育的辍学未成年学生进行登记并劝返复学；劝返无效的，应当及时向教育行政部门书面报告。"此外，《未成年人保护法》第八十三条第二款规定："对尚未完成义务教育的辍学未成年学生，教育行政部门应当责令父母或者其他监护人将其送入学校接受义务教育。"案例中，小袁应继续接受义务教育。

[案例拓展]

适龄未成年人接受义务教育，既是一项权利，也是一项义务。我国《义务教育法》第四条规定："凡具有中华人民共和国国籍的适龄儿童、少年，不分性别、民族、种族、家庭财产状况、宗教信仰等，依法享有平等接受义务教育的权利，并履行接受义务教育的义务。"对于未成年人而言，接受义务教育是使自己具备基础知识和基本素养的一条基本途径，对将来立足社会是起重要作用的，这一项权利必须得到充分保障。

问题11：

父母离婚时可以分割登记在子女名下的财产吗?

[案例]

在阳阳十岁那年，阳阳的父母共同买了一套房子，并将该房子登记在阳阳的名下。两年后，阳阳的父母感情破裂，双方决定协议离婚，但在财产分割时出现了争议。对于阳阳名下的这套房产，是否可以作为夫妻共有财产予以分割，阳阳的父母出现了分歧。

[法律问题]

父母离婚时可以分割登记在子女名下的财产吗?

[法律分析]

这套房产不属于夫妻共有财产，所以不能进行分割。阳阳父母给阳阳买房的行为属于赠与行为。我国《民法典》第六百五十七条规定："赠与合同是赠与人将自己的财产无偿给予受赠人，受赠人表示接受赠与的合同。"在赠与合同中，当事人双方的意思表示一致，合同即成立。赠与人将自己的财产给予受赠人，受赠人表示接受，财产所有权即发生转移。赠与财产的所有权经赠与行为的有效发生，所有权转移。

案例中，父母为阳阳买的房产，其所有权归属于阳阳。父母作为监护人，只有保护财产的权利，而没有处分财产的权利。阳阳属于未成年人，如果其父母离婚，则应该由直接抚养阳阳的一方监护人保管房屋。

[案例拓展]

未成年人在父母离婚后向其中一方请求分割共有财产，该如何处理呢？

共有财产分割是共有人行使所有权的方式之一，《民法典》中的物权编对此作出了具体的规定。但是，在没有约定的情况下，对于未成年人在父母离婚后向其中一方请求分割共有财产的，不仅不能轻易适用共有人可以随时请求按份分割的规定，对共有的基础丧失或者其他重大理由的认定，也要结合关于父母对未成年人监护和

《民法典》婚姻家庭编关于抚养的规定。

第一，父母对未成年人的财产享有平行的监护权，未成年人随时要求分割共有财产的权利是受限制的。未成年人属于民法上的非完全民事行为能力人。《民法典》规定，未成年人的父母是未成年人的监护人，履行对被监护人的人身监护、财产监护以及代理被监护人的权利和职责。离婚后，父母仍然是未成年人的监护人，无论未成年人随父或随母共同生活，父或母对未成年人的监护关系并不改变，享有同等的监护权利，承担同等的职责，拥有共同的监护权。

第二，未成年人分割共有财产的主张能否得到支持，主要取决于未成年人的财产权是否因监护人的处分行为而受到侵害，或存在危险威胁，以及仅仅分割财产是否有利于进一步保护未成年人的财产权，从而判断是否存在分割财产的必要。

第三，判断案件的事实有没有导致共有的基础丧失或成为需要分割的重大理由。

第四，分割共有财产是否有利于维护未成年人的财产权。若分割有利于维护未成年人的财产权，则应支持分割的诉求；若不利于维护未成年人的财产权，应不支持分割的诉求。

问题12：
父母离婚后，双方可以都不抚养子女吗？

[案例]

鹏鹏十三岁了，父母在鹏鹏九岁时因感情不和而离婚。父母离婚后，谁也不愿意抚养鹏鹏，鹏鹏只好跟随爷爷奶奶生活。爷爷奶奶没有收入来源，一大把年纪了还要为鹏鹏的生活费到处奔波。看着爷爷奶奶年纪越来越大，身体越来越不好，鹏鹏心疼爷爷奶奶，便决定去找爸爸妈妈讨要生活费。可是，双方都再三推脱，并告诉鹏鹏以后不要打扰他们的新生活。

[法律问题]

父母离婚后，双方可以都不抚养子女吗？

[法律分析]

《民法典》第一千零八十四条规定："父母与子女间的关系，不因父母离婚而消除。离婚后，子女无论由父或者母直接抚养，仍是父母双方的子女。离婚后，父母对于子女仍有抚养、教育、保护的权利和义务。离婚后，不满两周岁的子女，以由母亲直接抚养为原则。已满两周岁的子女，父母双方对抚养问题协议不成的，由人民法院根据双方的具体情况，按照最有利于未成年子女的原则判决。子女已满八周岁的，应当尊重其真实意愿。"

在案例中，鹏鹏的父母作为其法定监护人，对鹏鹏负有法律上的监护责任，不因夫妻双方离婚而终止。因此，鹏鹏有权要求父母履行监护职责，给付抚养费。如果鹏鹏自己去劝说父母不起作用，那么鹏鹏就可以寻求其他亲属或街道居委会等帮忙。根据规定，其

看了就能懂的
法律常识
未成年人保护
KANLE JIU NENG DONG DE
FALÜ CHANGSHI
WEICHENGNIANREN BAOHU

他有监护职责的人员或者单位可向法院申请变更监护人或者解除其监护资格，同时所在街道、居委会还可以对鹏鹏的父母予以劝诫。

父母离婚后，只是夫妻双方基于婚姻而存在的人身关系和财产关系归于消灭，但父母与子女之间存在的血亲关系不因父母离婚而消除。为了子女的合法权益不因父母离婚而受到损害，法律规定，父母离婚后对子女仍有抚养和教育的义务。

[案例拓展]

父母对子女有抚养教育的义务。抚养是指父母从物质上、生活上对子女的养育和照顾，如负担子女的生活费、教育费、医疗费。教育是指父母在思想、品德等方面对子女的全面培养，使子女沿着正确的方向健康成长。

父母不履行抚养教育义务时，未成年或不能独立生活的子女，有要求父母给付抚养费的权利。抚养费包括子女生活费、教育费、医疗费等费用。不能独立生活的子女，是指尚在校接受高中及其以下学历教育，或者丧失或未完全丧失劳动能力等非因主观原因而无法维持正常生活的成年子女。

父母有保护和教育未成年子女的权利和义务。在未成年子女对国家、集体或他人造成损害时，父母有承担民事责任的义务。第一，父母对未成年子女的管教和保护，既是权利，也是义务。第二，管教是指依照法律和道德的要求，采取正确的方式对未成年子女进行管理和教育，对其行为加以必要的约束。第三，保护是指为了未成年子女的安全和利益，防止和排除来自外力的各种侵害。第四，在未成年子女对国家、集体或他人造成损害时，父母有承担民事责任的义务。

问题13：
孩子有权决定跟谁一起生活吗?

[案例]

2019年3月，亮亮的父母因感情不和决定离婚。此时的亮亮刚满十二周岁，父母双方在商量亮亮的抚养权时出现了分歧。亮亮的父母双方的生活条件都很优越，都有能力抚养亮亮。因此，双方都认为亮亮应当跟随自己生活。后来，亮亮说出了自己的想法，他平时都在外婆家生活，所以更愿意和妈妈生活在一起。

[法律问题]

孩子有权决定跟谁一起生活吗?

[法律分析]

限制民事行为能力人对自己身边的人和事有一定的辨别和认识能力，也完全能够知道自己和父母哪一方的关系更亲近。因此，让子女选择随父或者随母生活可以最大限度地降低父母离异对孩子造成的伤害。十二周岁的亮亮在法律上是限制民事行为能力人，他可以选择跟谁在一起生活，法院一般也会考虑亮亮的意见。《民法典》第一千零八十四条第三款规定："离婚后，不满两周岁的子女，以由母亲直接抚养为原则。已满两周岁的子女，父母双方对抚养问题协议不成的，由人民法院根据双方的具体情况，按照最有利于未成年子女的原则判决。子女已满八周岁的，应当尊重其真实意愿。"也就是说，亮亮的父母在决定离婚后孩子愿意跟谁的问题上应该征求亮亮的意见。同时，法院要根据子女的权益和双方的具体情况判决，以维护未成年人的合法权益。

[案例拓展]

若未成年人遭受家庭暴力，未直接抚养孩子的一方有权请求变更抚养权吗？

为了更好地维护未成年人的合法权益，保护未成年人的健康成长，《反家庭暴力法》第二十三条第二款规定："当事人是无民事行为能力人、限制民事行为能力人，或者因受到强制、威吓等原因无法申请人身安全保护令的，其近亲属、公安机关、妇女联合会、居民委员会、村民委员会、救助管理机构可以代为申请。"即未直接抚养孩子的一方，在未成年人遭受家庭暴力时有权依法向法院申请人身安全保护令。对于子女抚养权的确定应从有利于子女身心健康、保障子女合法权益出发，结合父母双方的抚养能力和抚养条件等具体情况妥善解决。

问题14：
父母离婚后，给付子女的抚养费一般是多少？

[案例]

　　王某与贾某结婚后生有一子，取名小琛。小琛十一岁时，父母感情出现矛盾，不久后便离婚。父母离婚后，小琛跟随母亲贾某生活，而父亲每月给付小琛一千元抚养费。由于小琛读的是寄宿学校，业余时间还要上各种辅导班，个人开销比较大，贾某的收入仅够艰难维持小琛的开销。小琛心疼妈妈，认为爸爸有自己的公司，每月收入好几万元，于是他找到爸爸并提出增加抚养费的要求，却遭到王某的拒绝。后来，小琛在妈妈的代理下向法院提出了增加父亲所支付的抚养费数额的诉求。

看了就能懂的
法律常识
未成年人保护
KANLE JIU NENG DONG DE
FALÜ CHANGSHI
WEICHENGNIANREN BAOHU

[法律问题]

父母离婚后，给付子女的抚养费一般是多少？法院会支持小琛的诉求吗？

[法律分析]

法院会支持小琛的诉求。《民法典》第一千零八十五条规定："离婚后，子女由一方直接抚养的，另一方应当负担部分或者全部抚养费。负担费用的多少和期限的长短，由双方协议；协议不成的，由人民法院判决。前款规定的协议或者判决，不妨碍子女在必要时向父母任何一方提出超过协议或者判决原定数额的合理要求。"

《最高人民法院关于适用〈中华人民共和国民法典〉婚姻家庭编的解释（一）》第四十九条规定："抚养费的数额，可以根据子女的实际需要、父母双方的负担能力和当地的实际生活水平确定。有固定收入的，抚养费一般可以按其月总收入的百分之二十至三十的比例给付。负担两个以上子女抚养费的，比例可以适当提高，但一般不得超过月总收入的百分之五十。无固定收入的，抚养费的数额可以依据当年总收入或者同行业平均收入，参照上述比例确定。有特殊情况的，可以适当提高或者降低上述比例。"

因此，子女抚养费的数额，可根据子女的实际需要、父母双方的负担能力和当地的实际生活水平确定。有固定收入的，抚育费一般可按其月总收入的百分之二十至三十的比例给付。原定抚育费数额不足以维持当地实际生活水平的，或因子女患病、上学，实际需要已超过原定数额的，可以要求增加抚育费。案例中，小琛爸爸给予小琛的生活费显然远远低于法律规定的比例。并且，小琛确实因为上学需要钱。因此，小琛完全可以请求爸爸增加抚养费，按照月薪的百分之二十至三十的比例给付。

[案例拓展]

抚养费标准是否能随物价上涨而提高？世界许多国家和地区的婚姻家庭法立法时都遵循儿童利益优先原则和儿童最大利益原则。目前，我国《民法典》和《未成年人保护法》也明确规定了保护妇女、儿童合法权益的原则。未成年人利益优先原则和未成年人最大利益原则应当成为我国婚姻家事立法的基本原则，尽可能预防和减少因父母的离婚而给未成年子女带来的生活环境上的影响及未成年子女性格养成、思想变化、学习成长等不利因素。

在婚姻家庭类案件中，人民法院在对未成年子女的抚养费进行判决、调解时，抚养费标准一般是依据当时当地的社会平均生活水平而确定。但随着经济的发展，生活水平的提高及物价上涨等因素，法院原先所判决、调解的抚养费的基础可能已经不存在或发生很大改变，如果再依据当时的条件和标准支付抚养费，就不能满足未成年人基本的生活需求，不能保障未成年子女正常的生活和学习。因此，法律和司法解释规定未成年子女有权基于法定情形，向

看了就能懂的
法律常识
未成年人保护
KANLE JIU NENG DONG DE
FALÜ CHANGSHI
WEICHENGNIANREN BAOHU

抚养义务人要求增加抚养费。基于最大限度保障未成年子女利益的考量，准予未成年子女向人民法院提起新的诉讼，依法支持其请求增加抚养费的主张。

问题15：
离婚后，没有抚养权的一方对自己的子女有探望的权利吗？

[案例]

在小轩九岁那年，父母因感情不和离婚。父母双方约定：小轩跟随母亲生活，父亲按月支付小轩的生活费，允许父亲每周与孩子共同生活一天。一年后，小轩的父亲沾染上了毒品，小轩的母亲很担心。为了避免孩子受到不良影响，小轩的母亲便经常以各种借口阻止小轩的父亲见孩子，并报警举报小轩的父亲的吸毒行为。小轩的父亲被关进戒毒所强制戒毒。小轩的父亲认为这样的做法侵犯了自己探望孩子的权利，将小轩的母亲告上法庭，请求法院支持其探望子女的权利。

看了就能懂的
法律常识
未成年人保护
KANLE JIU NENG DONG DE
FALÜ CHANGSHI
WEICHENGNIANREN BAOHU

[法律问题]

在这种情况下，法院是否会支持小轩的父亲的诉讼请求？

[法律分析]

探望子女的权利是亲权的一项内容，在发生探望权利纠纷时，双方应当协商，应从有利于子女健康成长的角度出发，对探望的时间、方式以及探望期间双方对子女的安排等作出决定。

我国《民法典》第一千零八十六条第三款明确规定："父或者母探望子女，不利于子女身心健康的，由人民法院依法中止探望；中止的事由消失后，应当恢复探望。"

案例中，小轩的父亲依法享有探望权，但是由于其吸毒对于小轩的健康成长是不利的，所以根据法律的规定，小轩的母亲可以请求人民法院中止他的探望，而不应该私自阻止小轩的父亲行使探望权。对于小轩的母亲阻止小轩的父亲探望小轩的做法，小轩的父亲有权向法院提出诉讼请求。但是，法院查明了小轩的父亲吸毒的事实，不利于孩子的生活，那么，小轩父亲的请求得不到法院的支持，法院有权利中止其探望。等到小轩的父亲戒毒后，他可以再向法院提出申请，由法院恢复其探望权。

[案例拓展]

探望权是基于父母子女身份关系不直接抚养方享有的，与未成年子女探望、联系、会面、交往、短期共同生活的法定权利。离婚后不直接抚养子女方探视子女产生纠纷的原因较多，问题很复杂，其产生的根源往往是由于双方草率离婚时对处理子女抚养及对方探望子女考虑不周，以致产生矛盾隔阂。我国《民法典》第一千零八十六条："离婚后，不直接抚养子女的父或母，有探望子女的权利，另一方有协助的义务。行使探望权利的方式、时间由当事人协议；协议不成时，由人民法院判决。父或者母探望子女，不利于子女身心健康的，由人民法院依法中止探望；中止的事由消失后，应当恢复探望。"因此，应从有利于子女的身心健康且不影响子女的正常生活和学习的角度考虑，探望的方式亦应灵活多样、简便易行，具有可操作性，便于当事人行使权利。

问题16：
未成年人能否处理自己的财产？

[**案例**]

小涵是家里唯一的孩子，每年过年都会收到很多压岁钱。小涵上初一时，已经攒了将近三万元的压岁钱。小涵想买一款手机，便和父母商量此事，但父母认为小涵目前最重要的是学习，所以不同意小涵买手机。

[**法律问题**]

小涵能不能用自己的压岁钱买手机？小涵的父母能不能干涉？

[法律分析]

《民法典》第十九条规定："八周岁以上的未成年人为限制民事行为能力人，实施民事法律行为由其法定代理人代理或者经其法定代理人同意、追认；但是，可以独立实施纯获利益的民事法律行为或者与其年龄、智力相适应的民事法律行为。"案例中，小涵上初一了，属于限制民事行为能力人，依法可以从事与其年龄、智力相适应的民事活动。但是，购买手机这样的行为已经明显超出了小涵的能力。因此，小涵是不能自己购买手机的。同时，小涵的父母作为小涵的监护人，有义务对小涵的财产进行监管。

[案例拓展]

未成年人处理自己的财产要看未成年人的民事行为能力，那么父母可以随意处理孩子的存款吗？

根据我国《民法典》第二十七条第一款、第三十四条、第三十五条第一款规定，父母是未成年子女的监护人，监护人应当履行监护职责，保护被监护人的人身、财产及其他合法权益，除为维护被监护人的利益外，不得处理被监护人的财产，否则应当承担法律责任。

未成年人不能完全自主地处理自己的财产，为了保护未成年人的合法权益，其父母是可以代其行使处理权的。但是，这种处理权不是无约束的，其前提是为了未成年人的合法权益。如不当处理导致未成年人的合法权益受到损失，监护人是要依法对该未成年人进行赔偿的。

问题17：
未成年人造成他人财产损失的，谁来承担赔偿责任？

[案例]

涛涛是一个活泼好动的孩子，在学校担任足球队队长，平时放学回家就喜欢和同学一起踢足球。暑假期间，涛涛和同学一起到自己家小区的停车场附近进行踢足球比赛。涛涛不小心将足球踢到了一辆汽车上，打碎了车窗玻璃。车主知道情况后要求涛涛赔偿。

[法律问题]

涛涛需要承担赔偿车主玻璃的责任吗？如果涛涛没有钱，那么由谁来赔偿呢？

[法律分析]

未成年人侵权时，由于其识别能力存在缺陷且通常没有财产，所以因其侵权行为给他人造成损害的，通常应该由对其存在监护义务或者其他监督管理义务的主体承担部分或全部责任，即承担替代责任。

案例中，涛涛将球踢到了汽车上，且打碎了玻璃，构成了侵权，依据法律是要赔偿的。未成年人的监护人通常是其父母，所以，对于涛涛造成的汽车玻璃损坏，应当由涛涛的父母进行赔偿。当然，如果涛涛有自己财产的话，则可以用本人财产支付赔偿费用，不足部分，再由其父母赔偿。

[案例拓展]

若未成年人造成他人人身损害，而父母离婚，那么谁来承担赔偿责任呢？《民法典》第一千一百八十八条规定："无民事行为能力人、限制民事行为能力人造成他人损害的，由监护人承担侵权责任。"虽然未成年人的父母已经离婚，但另一方（父或母）仍为未成年人的法定监护人，故应共同承担赔偿责任。

问题18：
监护人的资格能被撤销吗?

[案例]

林林的父母是开服装店的个体户，这几年做生意攒下了不少钱。一次，他们在去进货的路上不幸发生车祸，双双身亡，林林成了孤儿。父母死后给林林留下了十万余元的遗产。在林林的亲属中只有他的舅舅还是单身，比较适合抚养林林，而且他的舅舅也愿意做林林的监护人，于是有关部门就指定林林的舅舅作为他的监护人。林林还有一个姑姑在另一个城市读博士，两年后毕业回到家乡工作。姑姑发现林林的舅舅把林林父母留给他的十万余元遗产都拿去做生意了，而且还亏了不少。姑姑非常疼爱林林，她觉得这样下去对林林今后的生活和教育不利，于是向林林的舅舅提出，林林父母留给他的钱只能用于林林的生活与教育，不能挪用做生意。但是林林的舅舅认为他是林林的监护人，对这笔钱的使用有决定权，况且他用这笔钱做生意也是为了让这笔钱升值。林林的姑姑见说服不了林林的舅舅，便提出接替他做林林的监护人，舅舅不同意。双方争执不下，最后闹到法院。

[**法律问题**]

法院能撤销林林舅舅对林林的监护资格吗？

[**法律分析**]

法院可以撤销林林舅舅的监护人资格。《未成年人保护法》第一百零八条规定："未成年人的父母或者其他监护人不依法履行监护职责或者严重侵犯被监护的未成年人合法权益的，人民法院可以根据有关人员或者单位的申请，依法作出人身安全保护令或者撤销监护人资格。"

监护人是指具有监护资格和监护能力的人，特殊情况下，居委会、村委会或者民政部门也可成为监护人。从维护被监护人利益的目的出发，《民法典》第二十七条对监护资格作出了严格规定。未成年人的父母是当然的监护人，不需要办理任何的法律手续。在父母双亡或丧失行为能力的情况下，可由下列有监护能力的人员担任监护人：（1）祖父母、外祖父母；（2）兄、姐；（3）其他愿意担任监护人的个人或者组织，但是须经未成年人住所地的居民委员会、村民委员会或者民政部门同意。法院应从更有利于保护被监护人的立场出发，选定上述监护人。《民法典》第三十四条规定了监护人的职责，即代理被监护人实施民事法律行为，保护被监护人的人身权利、财产权利以及其他合法权益等。

案例中，林林的舅舅作为监护人未能很好地履行监护职责，林林的姑姑可以向法院申请撤销他的监护人资格。

撤销监护人的资格须具备以下要件：（1）经有关个人或者有关组织的申请。这里的有关个人或者有关组织，是指依法可以担任监护人的个人或组织，如案例中林林的姑姑。（2）监护人怠于履行监护职责或者侵害被监护人的合法权益。（3）向人民法院提出撤销申请，由法院撤销。法院在受理此类案件后，在作出撤销原监护人的资格的判决时，应同时指定新的监护人。

[案例拓展]

哪些情况下民政部门应当对未成年人进行临时监护？《未成年人保护法》第九十二条规定："具有下列情形之一的，民政部门应当依法对未成年人进行临时监护：（一）未成年人流浪乞讨或身份不明，暂时查找不到父母或者其他监护人；（二）监护人下落不明且无其他人可以担任监护人；（三）监护人因自身客观原因或者因发生自然灾害、事故灾难、公共卫生事件等突发事件不能履行监护职责，导致未成年人监护缺失；（四）监护人拒绝或者怠于履行监护职责，导致未成年人处于无人照料的状态；（五）监护人教唆、利用未成年人实施违法犯罪行为，未成年人需要被带离安置；（六）未成年人遭受监护人严重伤害或者面临人身安全威胁，需要被紧急安置；（七）法律规定的其他情形"。

哪些情形下民政部门应当对未成年人进行长期监护？《未成年人保护法》第九十四条规定："具有下列情形之一的，民政部门应当依法对未成年人进行长期监护：（一）查找不到未成年人的父母或者其他监护人；（二）监护人死亡或者被宣告死亡且无其他人可以担任监护人；（三）监护人丧失监护能力且无其他人可以担任监护人；（四）人民法院判决撤销监护人资格并指定由民政部门担任监护人；（五）法律规定的其他情形。"

问题19:

父母去世,成年兄、姐对弟、妹是否有扶养义务?

[案例]

正在读小学二年级的明明本生活在一个幸福的四口之家,妈妈是小学老师,爸爸是公务员,姐姐也刚大学毕业,找到了一份不错的工作。但是突如其来的一场车祸夺走了明明父母的生命,只剩下他和姐姐相依为命。姐姐在得知父母出车祸之后,感觉天一下子塌了下来,看着自己年幼的弟弟,内心非常痛苦。姐姐主动承担起照顾弟弟的责任,将弟弟扶养长大。

[法律问题]

父母去世,成年兄、姐对弟、妹是否有扶养义务?

看了就能懂的
法律常识
未成年人保护
KANLE JIU NENG DONG DE
FALÜ CHANGSHI
WEICHENGNIANREN BAOHU

[法律分析]

对于还未成年的明明来说，父母作为他的法定监护人，对其负有监管和保护的法定义务。但是，父母去世后，明明唯一的成年姐姐应该承担对明明的监护义务。根据我国《民法典》第一千零七十五条规定，当未成年人的父母去世或者失去监护能力时，成年兄、姐对未成年弟、妹有监护的责任和扶养的义务。兄、姐扶养未成年弟、妹必须符合以下三个条件：（1）兄、姐有负担能力；（2）父母死亡或无力抚养；（3）弟、妹是未成年人。另外，由兄、姐扶养长大的有负担能力的弟、妹，对缺乏劳动能力、缺乏生活来源的兄、姐也有扶养的义务。案例中，因为明明除了姐姐外没有其他近亲属，姐姐已经成年并找到了工作，有独立生活的能力，符合我国法律规定的条件。因此，明明的姐姐应当成为明明的法定监护人，承担对明明的扶养义务。

[案例拓展]

《民法典》第一千零七十五条规定："有负担能力的兄、姐，对于父母已经死亡或者父母无力抚养的未成年弟、妹，有扶养的义务。由兄、姐扶养长大的有负担能力的弟、妹，对于缺乏劳动能力又缺乏生活来源的兄、姐，有扶养的义务。"负有扶养义务的兄弟姐妹的范围包括：同胞兄弟姐妹、同父异母或同母异父兄弟姐妹、养兄弟姐妹和继兄弟姐妹。一般情况下，兄弟姐妹应由他们的父母抚养，因而他们相互之间不发生扶养与被扶养的权利义务关系。但是在特定条件和特定情况下，兄、姐与弟、妹之间会产生有条件的扶养义务。

问题20：
亲生父母对非婚生子女是否有抚养的义务?

[案例]

　　已经上初二的明明一直不知道自己的爸爸妈妈是谁，从明明开始记事时候起，他就和爷爷奶奶一起生活，从来没有见过自己的父母。上学的时候，同学们经常说他是一个没有人要的野孩子，邻居也在背后指指点点，明明内心受到极大的委屈。明明问爷爷奶奶自己的父母在哪，爷爷奶奶也总是闭口不谈，对明明是私生子的事情从不敢提及，只是说明明的爸爸妈妈去了很远的地方打工。明明盼望自己的爸爸妈妈有一天会回到自己身边。

[法律问题]

　　亲生父母对非婚生子女是否有抚养的义务?

[法律分析]

在案例中，明明虽然是非婚生子女，但其享有的权利和婚生子女是一样的，有权要求其生父或生母履行抚养义务。同时，明明的同学及邻居在背后议论明明是没人要的野孩子的做法是一种歧视行为，会危害到明明的健康成长，应当及时予以纠正。明明父母的做法是错误的，孩子有权要求自己的亲生父母履行抚养义务。在实际生活中，非婚生子女的地位通常得不到父母的承认，生活也没有保障。我国法律针对这样的问题已经作出了非常明确的规定，赋予非婚生子女与婚生子女同等的权利，从立法上保护了非婚生子女的合法权益。

[案例拓展]

我国《民法典》第一千零七十一条规定："非婚生子女享有与婚生子女同等的权利，任何组织或者个人不得加以危害和歧视。不直接抚养非婚生子女的生父或者生母，应当负担未成年子女或者不能独立生活的成年子女的抚养费。"

问题21:
未成年人的父母应当履行哪些监护职责?

[案例]

明明是一名初中二年级的学生,正处于叛逆期的他跟着已经辍学在家的社会不良青年沾染上了一些恶习,经学校劝导仍不改正。无奈之下,学校只好将明明的父母找到了学校,希望共同解决明明的问题。明明的父母认为,明明这些恶习是在校期间学校没有尽到自己的责任,没有好好管教明明,导致孩子经常旷课,并和社会上的不良青年混在一起染上恶习,学校应该负责管教,自己没有任何问题。

[法律问题]

未成年人的父母应当履行哪些监护职责?

[法律分析]

法定监护人的职责主要有：

第一，保护被监护的未成年人的人身。监护人担负有维护未成年人的人身健康和安全，保护他们的姓名权、荣誉权的责任，同时还担负有排除来自各方面的对未成年人的人身权利实施侵害的义务。监护人也负有对未成年人进行德、智、体、美、劳等方面培养和教育的职责。

第二，管理被监护的未成年人的财产。监护人于监护职责范围内管理好被监护的未成年人的财产，维护未成年人的合法的财产权益。监护人应制止和排除他人侵犯未成年人财产权益的行为，并依法否定未成年人所做的、与其行为能力不相适应的处分财产的民事行为，并对不当得利人进行追索，以保护未成年人的财产权益。监护人对未成年人的财产进行处分行为时，必须遵循有利于未成年人的原则；否则，监护人不得对未成年人的财产进行处理行为。

第三，未成年人的父母既是未成年人的法定监护人，也是未成年人的法定代理人。监护人代理未成年人进行民事活动是其履行监护职责的一个重要的内容。根据法律规定，无民事行为能力的未成年人的民事行为由其法定代理人代理，限制民事行为能力的未成年人除从事与其年龄、智力、精神健康状况相适应及纯获利的民事活动外，其他民事行为须由法定代理人代理或者征得法定代理人的同意。此外，未成年人参加诉讼活动，也应由其监护人代理。在家庭保护中，代理是必不可少的。监护人除具备法定情形外，不得终止

看了就能懂的
法律常识
未成年人保护
KANLE JIU NENG DONG DE
FALÜ CHANGSHI
WEICHENGNIANREN BAOHU

代理。

　　未成年人涉世未深，很多方面都需要监护人来把关。明明是一个未成年人，明辨是非与抵制不良思想的能力较弱，这时候需要父母承担起管教的责任。明明由于父母的监护不当而染上了恶习，明明的父母要求学校来承担责任，这显然是不合理的。明明的父母并没有尽到监护人应尽的监护职责，所造成的后果应由自己承担，不应由学校承担。

[案例拓展]

　　父母对未成年子女负有抚养、教育和保护的义务。家庭是未成年人生活、学习的重要场所。父母作为未成年人的法定监护人，应当按照法律和道德要求，采取正确的方法，对未成年子女进行抚养、教育和保护。父母在监护过程中，既要从正面引导未成年人，给未成年人传输"正能量"，也要严格要求未成年人，不能放任未成年人为所欲为，更不能侵害未成年人的身心健康和财产权益。

问题22：
外出务工的父母能委托他人照顾未成年人吗?

[案例]

明明是一名小学二年级的学生，父母因为工作原因需要长期居住在异地，没有时间来照顾明明，于是便委托身为小学老师的明明的小姨来对其进行日常生活的照顾。明明的父母定期给明明的小姨一笔生活费，作为明明的日常开销。明明的小姨也是尽职尽责，帮忙照看着明明。

[法律问题]

外出务工的父母能委托他人照顾未成年人吗?

看了就能懂的
法律常识
未成年人保护

KANLE JIU NENG DONG DE
FALÜ CHANGSHI
WEICHENGNIANREN BAOHU

[法律分析]

《未成年人保护法》第二十二条规定："未成年人的父母或者
其他监护人因外出务工等原因在一定期限内不能完全履行监护职责
的，应当委托具有照护能力的完全民事行为能力人代为照护；无正
当理由的，不得委托他人代为照护。"案例中，明明父母在异地工
作，暂无法照顾明明，是可以委托明明的小姨对其进行照顾的。

[案例拓展]

未成年人的父母或者其他监护人在确定被委托人时，应当综合
考虑其道德品质、家庭状况、身心健康状况、与未成年人生活上的
联系等情况，并听取有表达意愿能力的未成年人的意见。

问题23：
监护人委托他人照顾未成年人要告知学校、
当地居委会或村委会吗？

[案例]

小勇的父母要外出打工，因为小勇的爷爷奶奶去世很早，家中无人照顾小勇，于是便委托小勇的小姨来照顾小勇的日常生活，小勇的父母定期支付给小姨一笔生活费，作为小勇的日常开销。小姨也是尽职尽责，帮忙照看着小勇。小勇的父母委托小姨照看小勇，需要将这种情况告知学校、当地居委会或村委会吗？

[法律问题]

监护人委托他人照顾未成年人要告知学校、当地居委会或村委会吗？

[法律分析]

《未成年人保护法》第二十三条规定："未成年人的父母或者其他监护人应当及时将委托照护情况书面告知未成年人所在学校、幼儿园和实际居住地的居民委员会、村民委员会，加强和未成年人所在学校、幼儿园的沟通；与未成年人、被委托人至少每周联系和交流一次，了解未成年人的生活、学习、心理等情况，并给予未成年人亲情关爱。未成年人的父母或者其他监护人接到被委托人、居民委员会、村民委员会、学校、幼儿园等关于未成年人心理、行为异常的通知后，应当及时采取干预措施。"因此，小勇的父母应当将他们委托小勇的小姨照顾他的情况书面告知学校、当地居委会或村委会。

[案例拓展]

委托监护人是什么意思？就是法定监护人把自己的监护职责，

全部委托给他人实施，可以实施全权委托，也可以实施专门委托，委托监护不更改原监护人的地位，监护权行使期间，不得抛弃或转移给别人，被委托人在受委托期间有过错，应当承担赔偿责任。

在他人受监护人委托照管未成年人期间，因为未成年人的过错造成他人人身或者财产损害的，一般由未成年人的监护人而非受委托人承担赔偿责任，但有两个例外：

第一，如果监护人和受托人之间早就约定了在此类情况下由受托人来赔偿的，那么就由受托人来赔偿。

第二，如果受托人有疏忽，其本来应该发现未成年人的行为会损坏别人的财产或者会危及别人的人身安全，但是因为大意没有发现；或者受托人故意让未成年人去损坏别人的财产或者伤害别人的人身的，则受托人需要和监护人一起对受害人进行赔偿。

另外，《民法典》第二十七条规定："父母是未成年子女的监护人。未成年人的父母已经死亡或者没有监护能力的，由下列有监护能力的人按顺序担任监护人：（一)祖父母、外祖父母；（二)兄、姐；（三)其他愿意担任监护人的个人或者组织，但是须经未成年人住所地的居民委员会、村民委员会或者民政部门同意。"

问题24：
父母偷看孩子的日记侵犯孩子的隐私权吗?

[案例]

　　毛毛今年十四岁，是某学校初中二年级的学生。平时毛毛喜欢在本子上记录一天所发生的事，久而久之养成了写日记的习惯。正值青春期的毛毛心中有了自己的小秘密，不愿意和父母分享。父母看到毛毛沉默寡言，很担心他会做出什么傻事。于是在毛毛上学后，父母偷偷看了毛毛的日记。毛毛发现后，很生气。尽管父母极力解释，但父母这种侵犯隐私的行为让毛毛很失望，毛毛更不愿意和自己的父母说话了。

[法律问题]

　　父母偷看孩子的日记侵犯孩子的隐私权吗?

[法律分析]

《未成年人保护法》第四条规定："保护未成年人，应当坚持最有利于未成年人的原则。处理涉及未成年人事项，应当符合下列要求：（一）给予未成年人特殊、优先保护；（二）尊重未成年人人格尊严；（三）保护未成年人隐私权和个人信息；（四）适应未成年人身心健康发展的规律和特点；（五）听取未成年人的意见；（六）保护与教育相结合。"

未成年人是不完全民事行为能力人，必须接受家长、学校、社会各方面的教育。对父母而言，他们应当引导未成年人进行有益身心健康的活动。这种教育，必然会在某种程度上对未成年人的自由、隐私形成干涉和妨碍。案例中，毛毛的父母应该尊重毛毛的隐私权，要把握好度，避免给孩子造成伤害。

[案例拓展]

很多时候，父母为了避免自己的孩子犯错误，恨不得将孩子

看了就能懂的
法律常识
未成年人保护
KANLE JIU NENG DONG DE
FALÜ CHANGSHI
WEICHENGNIANREN BAOHU

的一举一动都严密监控。然而，这样的做法会适得其反，孩子的抵触情绪会更加严重。父母作为未成年人的监护人尽管负有监护的责任，但是作为家长应当用正确的方式关心子女，了解他们的心态，理解他们的成长，同时多向学校老师了解子女的状况，让孩子有心里话向父母讲，绝不能用私拆信件、偷看日记的方式侵犯孩子的隐私。在这方面，我国《未成年人保护法》等法律法规也有规定，父母应当保护未成年人的隐私和人格尊严，正确行使自己的监护职责。

问题25：

摩托车后座能否乘坐十周岁的孩子?

[案例]

春节时，小军的父亲想带十岁的小军去看望在老家的爷爷奶奶。当准备出发的时候，小军哭闹着不想走。小军父亲无奈之下，用自己的长围巾把儿子绑在了摩托车的后座上。小军父亲经过一个路口时，被交警拦了下来，称小军的父亲因搭载未满十二周岁的未成年人，应被处以一百元罚款。

[法律问题]

摩托车后座能否乘坐十周岁的孩子?

看了就能懂的
法律常识
未成年人保护
KANLE JIU NENG DONG DE
FALÜ CHANGSHI
WEICHENGNIANREN BAOHU

［法律分析］

案例中，交警的处罚正确，小军父亲的摩托车后座不应该载不满十二周岁的小孩。《道路交通安全法》第五十一条规定："机动车行驶时，驾驶人、乘坐人员应当按规定使用安全带，摩托车驾驶人及乘坐人员应当按规定戴安全头盔。"《道路交通安全法》第九十条规定："机动车驾驶人违反道路交通安全法律、法规关于道路通行规定的，处警告或者二十元以上二百元以下罚款。"

案例中的小军刚刚十岁，不满十二周岁，根据规定不能乘坐在摩托车的后座。摩托车的安全性没有汽车好，未满十二周岁的儿童自身安全保护意识还比较薄弱。因此，为保障儿童的安全，小军父亲不得让小军乘坐在摩托车后座。交警发现小军父亲的行为违反道路交通安全法规，有权予以制止，并对其进行罚款。

［案例拓展］

未成年人可以驾驶摩托车吗？未成年人身心发育不全，辨认与控制能力较弱，缺乏基本的驾驶常识与技能，在驾驶摩托车的过程中如果遇到突发状况，则难以作出正确判断处置，极易发生交通事故。依照《道路交通安全法》的规定，驾驶摩托车与驾驶汽车一样，必须申领驾照，且要求年满十八周岁。在所有交通事故伤亡中，不佩戴安全头盔的伤亡占比非常大。因此，未成年人在乘坐摩托车时一定要佩戴安全头盔。此外，家长应严格履行监护职责，不能给孩子购买摩托车，而且要管理好家里的机动车，不让未成年子女无证驾驶。

看了就能懂的
法律常识
未成年人保护
KANLE JIU NENG DONG DE
FALÜ CHANGSHI
WEICHENGNIANREN BAOHU

 问题26：
年满十六周岁的未成年人能否参加工作？

[案例]

　　小于作为一名高二的学生，觉得自己成绩太差，即使勉强考上了大学，在四年之后的就业中也未必具有优势。于是，小于向父母提出想要放弃学业、提前进入社会工作、积累工作经验的想法。小于父母表示，小于已经十六周岁，生活能够自理，支持小于的想法，但当小于到一家公司应聘时，却遭到该公司的拒绝，理由是小于尚未成年。小于拿出身份证解释自己已经十六周岁了，可以参加工作。

[法律问题]

　　年满十六周岁的未成年人可以参加工作吗？

[法律分析]

《未成年人保护法》第六十一条第一款及第三款规定，"任何组织或者个人不得招用未满十六周岁未成年人，国家另有规定的除外"，"招用已满十六周岁未成年人的单位和个人应当执行国家在工种、劳动时间、劳动强度和保护措施等方面的规定，不得安排其从事过重、有毒、有害等危害未成年人身心健康的劳动或者危险作业"。我国《劳动法》第十五条也有类似规定。根据上述法律规定，小于已经年满十六周岁，完成了九年义务教育，符合法律对于未成年人参加工作的年龄界限和受教育程度的规定，所以小于是可以参加工作的。至于对小于录用与否，则应当根据招工的实际标准和要求进行选择。

[案例拓展]

我国法律规定中所指的未成年工，是年满十六周岁未满十八周岁的劳动者。年满十六周岁的未成年人可以参加工作，那么未成年工有权获得劳动报酬吗？无论是未成年工还是成年工，作为劳动者都享有法律赋予的权利，同时也要履行法律规定的义务。我国《劳动法》第十五条第一款规定："禁止用人单位招用未满十六周岁的未成年人。"该规定体现了国家对未满十六周岁的未成年人实行的保护。我国《劳动法》第三条第一款规定："劳动者享有平等就业和选择职业的权利、取得劳动报酬的权利、休息休假的权利、获得劳动安全卫生保护的权利、接受职业技能培训的权利、享受社会保险和福利的权利、提请劳动争议处理的权利以及法律规定的其他劳动权利。"由此可知，用人单位可以招用年满十六周岁的未成年人，同时年满十六周岁的未成年人作为劳动者也应享有取得劳动报酬的权利。

问题27：

法律对于未成年工给予的特殊保护有哪些?

[案例]

小周由于学习成绩一直不理想，产生了厌学的情绪。于是，小周向父母提出不再上学的想法，并表示自己即将年满十八周岁，能够很好地照顾自己，想要出去打工。看到小周态度十分坚决，父母同意了小周的决定。那么，依据相关法律政策，小周可以从事什么工作，会受到哪些法律保护呢?

[法律问题]

法律对于未成年工给予怎样的特殊保护?

[法律分析]

我国法律虽然规定未成年人可以参加工作，但考虑未成年人的身体和心理发展特点，对其从事的工种、工作强度、劳动强度等方面都作出了限制，以此来保护未成年工的合法权益。

我国《劳动法》第五十八条规定："国家对女职工和未成年工实行特殊劳动保护。未成年工是指年满十六周岁未满十八周岁的劳动者。"第六十四条规定："不得安排未成年工从事矿山井下、有毒有害、国家规定的第四级体力劳动强度的劳动和其他禁忌从事的劳动。"第六十五条还规定了用人单位对未成年工安排定期健康检查的义务。同时，《未成年人保护法》第六十一条第二款、第三款及第四款规定："营业性娱乐场所、酒吧、互联网上网服务营业场所等不适宜未成年人活动的场所不得招用已满十六周岁的未成年人。招用已满十六周岁未成年人的单位和个人应当执行国家在工种、劳动时间、劳动强度和保护措施等方面的规定，不得安排其从事过重、有毒、有害等危害未成年人身心健康的劳动或者危险作业。任何组织或者个人不得组织未成年人进行危害其身心健康的表演等活动。经未成年人的父母或者其他监护人同意，未成年人参与演出、节目制作等活动，活动组织方应当根据国家有关规定，保障未成年人合法权益。"

案例中，小周作为一名年满十六周岁未满十八周岁的未成年人，想要参加工作，应当了解以上法律规定，在法律允许的行业内选择工作，并且在自己的利益受到危害时，学会用法律武器保护自己的合法权益。

[案例拓展]

除了法律，还有哪些机构承担着未成年人社会保护的工作呢？

《未成年人保护法》第四十三条规定："居民委员会、村民委员会应当设置专人专岗负责未成年人保护工作，协助政府有关部门宣传未成年人保护方面的法律法规，指导、帮助和监督未成年人的父母或者其他监护人依法履行监护职责，建立留守未成年人、困境未成年人的信息档案并给予关爱帮扶。居民委员会、村民委员会应当协助政府有关部门监督未成年人委托照护情况，发现被委托人缺乏照护能力、怠于履行照护职责等情况，应当及时向政府有关部门报告，并告知未成年人的父母或者其他监护人，帮助、督促被委托人履行照护职责。"再者，《未成年人保护法》第六十二条特别

看了就能懂的
法律常识
未成年人保护
KANLE JIU NENG DONG DE
FALÜ CHANGSHI
WEICHENGNIANREN BAOHU

规定了密切接触未成年人的单位招聘工作人员的要求，即"应当向公安机关、人民检察院查询应聘者是否具有性侵害、虐待、拐卖、暴力伤害等违法犯罪记录；发现其具有前述行为记录的，不得录用"。如此规定，有助于预防"身边的大人"给未成年人带来伤害。

问题28：
当未成年工被单位强迫进行危险作业时，
该如何保护自己?

[案例]

陈某刚满十六周岁，考虑到家庭生活困难，他决定到煤矿企业工作。刚到公司时，陈某只负责安保，工作很轻松。可不久后，陈某就被强令进行井下作业。陈某向负责人解释自己作为一名未成年工，不能接受这样的劳动强度。但是相关负责人表示，虽然陈某未成年，但作为本企业的职工，应当服从企业的工作安排，否则将被给予相应的处分。

[法律问题]

当未成年工被单位强迫进行危险作业时，该如何保护自己?

[法律分析]

《劳动法》第六十四条明确规定："不得安排未成年工从事矿山井下、有毒有害、国家规定的第四级体力劳动强度的劳动和其他禁忌从事的劳动。"当企业强迫未成年工进行危险作业时，未成年工应当学会用法律武器来维护自己的合法权益。《劳动法》第五十六条第二款的规定："劳动者对用人单位管理人员违章指挥、强令冒险作业，有权拒绝执行；对危害生命安全和身体健康的行为，有权提出批评、检举和控告。"案例中，在法律明确规定了用人单位不得安排未成年工从事矿山井下作业的情况下，用工单位仍然强迫陈某进行井下作业，这明显是违反法律规定的。因此，陈某有权拒绝执行。同时，陈某还有权对该用工单位的行为提出批评、检举或者控告，通过法律的武器来保障自己的合法权益。

[案例拓展]

未成年人是劳动保护的重点对象之一。我国《劳动法》《未成年人保护法》等多部法律对未成年人的合法权利的保护都作出了规定，包括劳动过程中的保护。这既是法律保护弱者的权利的重要体现，也对促进社会和谐稳定有很重要的意义。

问题29：
未成年人可以买彩票吗?

[案例]

　　小跃今年上初中三年级了，对任何事物都充满好奇。周末，小跃与同学相约一起逛街，当他们路过一家彩票站时，看到该彩票站打出了本站喜中五十万元奖金的条幅。小跃便想进去买一张彩票。可他的同学说，他们未满十八周岁，还不能买彩票。但是小跃不顾劝阻，还是进入了彩票站打算买彩票。彩票站的工作人员得知小跃还不满十八岁，表示不能将彩票卖给他。

[法律问题]

身为未成年人，小跃到底能不能买彩票？

[法律分析]

彩票作为政府筹集社会公益资金的一个重要渠道，对于发展社会福利慈善事业、国家体育事业等都具有重要的促进作用。同时，中奖的彩民也能因此受益，改善自己的生活。但是现实中也不乏因为彩票而导致价值观扭曲的例子，成年人尚且如此，正处于价值观形成阶段的未成年人则更加容易受到这样的影响。因此，我国《彩票管理条例》第十八条明确规定，禁止彩票发行机构、彩票销售机构、彩票代销者向未成年人出售彩票。案例中，未成年的小跃去买彩票，彩票站工作人员的做法是符合法律要求的。

[案例拓展]

既然未成年人不能购买彩票，那么学校、幼儿园周边可以售卖彩票吗？《未成年人保护法》第五十九条规定："学校、幼儿园周边不得设置烟、酒、彩票销售网点。禁止向未成年人销售烟、酒、彩票或者兑付彩票奖金。烟、酒和彩票经营者应当在显著位置设置不向未成年人销售烟、酒或者彩票的标志；对难以判明是否是未成年人的，应当要求其出示身份证件。"

问题30：
哪些场所是未成年人禁止进入的?

[案例]

涛涛作为家里的独子，自小就受到全家人的宠爱。上初中后，涛涛迷上了网络游戏，学习成绩一落千丈，涛涛的父母对此忧心忡忡。在多次劝说无果的情况下，涛涛父母一气之下砸坏了涛涛的电脑。电脑被砸坏后，涛涛决定到网吧去玩。但是，涛涛刚到网吧门口就被保安拦下并询问他的年纪，涛涛说自己只有十五岁，保安禁止他进入网吧。

[法律问题]

哪些活动场所是未成年人禁止进入的?

看了就能懂的
法律常识
未成年人保护
KANLE JIU NENG DONG DE
FALÜ CHANGSHI
WEICHENGNIANREN BAOHU

[**法律分析**]

    未成年人由于受到年龄、心智发展、社会经验等限制，极容易受到不良行为的影响。所以，为了保障未成年人的身心得到健康发展，我国《未成年人保护法》明确规定，不允许未成年人进入营业性歌舞娱乐场所、酒吧、互联网上网营业场所等不适宜未成年人活动的场所，同时还要求这些场所在显著位置设置未成年人禁入的标志；对难以判明是否已成年的，要求其出示身份证件。案例中，保安禁止身为未成年人的涛涛进入网吧，正是基于法律的规定。

[**案例拓展**]

    《未成年人保护法》第四十四条第一款规定："爱国主义教育基地、图书馆、青少年宫、儿童活动中心、儿童之家应当对未成年人免费开放；博物馆、纪念馆、科技馆、展览馆、美术馆、文化馆、社区公益性互联网上网服务场所以及影剧院、体育场馆、动物园、植物园、公园等场所，应当按照有关规定对未成年人免费或者优惠开放。"优先、优惠为未成年人开放公共文化活动场所，不仅有助于未成年人开阔眼界，增长见识，还体现了国家对未成年人的关怀、照顾。

问题31：
未成年人每天玩网络游戏的时间累计为多久？

[案例]

齐齐刚上初一，在班级结识了很多新朋友。长假期间，齐齐的同桌邀请齐齐一起玩网络游戏，已经写完作业的齐齐接受了邀约。齐齐见自己已经玩了近一个小时，再玩的话今天的游戏时间就满了，遂提出退出游戏。同玩的网友却开始嘲笑齐齐，还让他换个号继续玩。

[法律问题]

未成年人每天玩网络游戏的时间有限制吗？最长可以累计玩多久？

[法律分析]

　　2021年9月1日起实施的《国家新闻出版署关于进一步严格管理切实防止未成年人沉迷网络游戏的通知》要求："所有网络游戏企业仅可在周五、周六、周日和法定节假日每日20时至21时向未成年人提供1小时网络游戏服务,其他时间均不得以任何形式向未成年人提供网络游戏服务。"由此可见,齐齐的做法是正确的,齐齐和同学应该及时退出游戏。

　　为防止未成年人沉迷网络游戏,不仅需要网络游戏服务企业采取技术和平台监管手段,严格把控为未成年人提供网络游戏服务的时间,还需要未成年人自己和法定监护人的共同努力。

[案例拓展]

　　未成年人能用他人的账号玩游戏吗?未成年人不能用他人的

看了就能懂的
法律常识
未成年人保护
KANLE JIU NENG DONG DE
FALÜ CHANGSHI
WEICHENGNIANREN BAOHU

账号玩游戏，其应当用真实信息注册并登录网络游戏。为了规范未成年人玩网络游戏，避免其沉迷游戏，影响未成年人的身心健康，《未成年人保护法》第七十五条第二款、第三款特别规定："国家建立统一的未成年人网络游戏电子身份认证系统。网络游戏服务提供者应当要求未成年人以真实身份注册并登录网络游戏。网络游戏服务提供者应当按照国家有关规定和标准，对游戏产品进行分类，作出适龄提示，并采取技术措施，不得让未成年人接触不适宜的游戏或游戏功能。"

问题32：

未成年人可以吸食电子烟吗?

[案例]

欢欢的父母带着欢欢去参加一场聚会，欢欢非常好奇一位叔叔拿的电子烟。叔叔似乎看出了欢欢的想法，认为小小男子汉迟早要学会抽烟，于是就让欢欢吸了一口。欢欢妈妈看到此景及时予以制止，认为现在孩子还小，吸食电子烟不合适，会影响孩子的成长发育，对孩子的身心健康也有极大的影响。

[法律问题]

未成年人可以吸食电子烟吗?

[法律分析]

国家市场监督管理总局、国家烟草专卖局发布的《关于禁止向未成年人出售电子烟的通告》严格禁止市场主体向未成年人销售或展示电子烟产品。国家烟草专卖局、国家市场监督管理总局发布的《关于进一步保护未成年人免受电子烟侵害的通告》敦促电子烟生产、销售企业或个人及时关闭电子烟互联网销售网站或客户端；敦促电商平台及时关闭电子烟店铺，并将电子烟产品及时下架，敦促电子烟生产、销售企业或个人撤回通过互联网发布的电子烟广告，以防止未成年人通过网络等途径购买电子烟。根据通告可知，国家禁止未成年人购买、吸食电子烟产品，倡导学校和家庭加强对未成年人的保护。案例中，欢欢妈妈的做法非常正确，她的行为有效防止了欢欢吸食电子烟。作为未成年人，明明不能吸食电子烟。

[案例拓展]

市场主体不得向未成年人销售电子烟。2006年，我国签署加入的由世界卫生组织批准发布的《烟草控制框架公约》规定："禁止生产和销售对未成年人具有吸引力的烟草制品形状的糖果、点心、玩具或任何其他实物。"《未成年人保护法》明确规定："禁止向未成年人出售烟酒。"电子烟作为卷烟等传统烟草制品的补充，其自身存在较大的安全和健康风险。为加强对未成年人身心健康的社会保护，各类市场主体不得向未成年人出售电子烟。建议电商平台对含有"学生""未成年人"等字样的电子烟产品下架，对相关店铺（销售者）进行扣分或关店处理；加强对上架电子烟产品名称的审核把关，采取有效措施屏蔽关联关键词，不向未成年人展示电子烟产品。

社会各界共同保护未成年人免受电子烟侵害。各级市场监管部门和烟草专卖行政主管部门将进一步加强对电子烟产品的市场监管力度，结合学校周边综合治理等专项行动督促各类市场主体不得向未成年人销售电子烟，并对生产销售"三无"电子烟等各类违法行为依法及时查处；学校、家庭加强对未成年人的教育与保护，强调电子烟对健康的危害；媒体加强未成年人吸烟包括吸食电子烟危害健康的宣传；任何组织和个人对向未成年人销售电子烟的行为应予以劝阻、制止。让全社会携起手来，共同为未成年人的健康成长创造良好的社会环境。

问题33：
邀请未成年人参加节目录制，必须征得其父母的同意吗？

[案例]

　　明明今年十一岁，妈妈从小就培养她学街舞、学吉他，她也经常参加学校的文艺晚会。在学校的一次元旦晚会上，明明精彩的个人表演引起了一位电视节目制作人的注意。晚会结束后，这位电视节目制作人在后台找到了明明，邀请她参加一个综艺节目的录制。当时，明明的班主任老师就在后台，觉得机不可失，就替明明答应了，双方还敲定了录制时间。回家后，明明和父母说起这件事，却遭到了父母的强烈反对。明明的父母认为，邀请明明上节目之前，至少应该征得他们的同意。

[法律问题]

邀请未成年人参加节目录制，必须征得其父母的同意吗？

[法律分析]

明明妈妈的想法是正确的，邀请未成年人录制节目，应事先征得其法定监护人的同意。《未成年人节目管理规定》第十二条第一款明确规定："邀请未成年人参与节目制作，应当事先经其法定监护人同意。不得以恐吓、诱骗或者收买等方式迫使、引诱未成年人参与节目制作。"根据该条规定可知，未成年人参与节目录制之前，录制方应当事先经过未成年人的法定监护人同意。另外，根据我国《民法典》第二十七条的规定，一般情况下，未成年人的父母是其法定监护人。也就是说，邀请未成年人录制节目的，需要提前征得未成年人父母的同意。如果其父母不是未成年人的法定监护人的，录制方就应提前征得其他法定监护人的同意。

案例中，电视台节目主持人邀请明明参与节目录制，应当与明明的父母进行沟通，不能仅获得明明班主任的同意，因为明明的班主任并不是明明的法定监护人。

[案例拓展]

《未成年人节目管理规定》第二十四条："网络用户上传含有

未成年人形象、信息的节目且未经未成年人法定监护人同意的，未成年人的法定监护人有权通知网络视听节目服务机构采取删除、屏蔽、断开链接等必要措施。网络视听节目服务机构接到通知并确认其身份后应当及时采取相关措施。"第三十六条："违反本规定第十一条至第十七条、第十九条至第二十二条、第二十三条第一款和第二款、第二十四条至第二十八条的规定，由县级以上人民政府广播电视主管部门责令限期改正，给予警告，可以并处三万元以下的罚款。违反第十八条第一项至第三项的规定，由有关部门依法予以处罚。"

问题34：
网吧能招用已满十六周岁的未成年人吗?

[案例]

小博是一名高中二年级的学生。暑假期间，他想找一份在网吧收银的兼职。当老板问及小博年龄时，他说自己目前在上高中，十七岁。老板觉得小博还未成年，于是拒绝了小博想在网吧兼职的请求。

[法律问题]

网吧能招用已满十六周岁的未成年人吗?

[法律分析]

网吧老板的做法是正确的，其不能招用已满十六周岁的未成年人。《未成年人保护法》第六十一条第二款规定："营业性娱乐场所、酒吧、互联网上网服务营业场所等不适宜未成年人活动的场所不得招用已满十六周岁的未成年人。"

[案例拓展]

未成年人的父母或者其他监护人应当尽到自己的责任，不得实施下列行为：（1）虐待、遗弃、非法送养未成年人或者对未成年人实施家庭暴力；（2）放任、教唆或者利用未成年人实施违法犯罪行为；（3）放任、唆使未成年人参与邪教、迷信活动或者接受恐怖主义、分裂主义、极端主义等侵害；（4）放任、唆使未成年人吸烟（含电子烟，下同）、饮酒、赌博、流浪乞讨或者欺凌他人；（5）放任或者迫使应当接受义务教育的未成年人失学、辍学；（6）放任未成年人沉迷网络，接触危害或者可能影响其身心健康的图书、报刊、电影、广播电视节目、音像制品、电子出版物和网络信息等；（7）放任未成年人进入营业性娱乐场所、酒吧、互联网上网服务营业场所等不适宜未成年人活动的场所；（8）允许或者迫使未成年人从事国家规定以外的劳动；（9）允许、迫使未成年人结婚或者为未成年人订立婚约；（10）违法处分、侵吞未成年人的财产或者利用未成年人牟取不正当利益；（11）其他侵犯未成年人身心健康、财产权益或者不依法履行未成年人保护义务的行为。